Erica Bänziger

Naturküche

genussvolle vegetarische Rezepte

FONA

www. fona.ch

Verantwortlich für das Lektorat: Léonie Haefeli-Schmid
Cover und Layout Inhalt: FonaGrafik, Daniela Friedli Dossenbach
Bilder Einführung: Quellennachweis beim Verlag
Rezeptbilder Seiten 40, 41, 45, 55, 56 (inks), 58, 59, 61, 63, 64, 67, 72 (links), 73, 75, 77, 78, 79, 80, 81, 84, 86, 96, 97, 98 (rechts), 99, 100, 101, 109, 111, 112, 118, 119, 121, 127, 130, 136, 149, 155, 156, 159, 165 (rechts), 181, 186, 191, 199, 203, 204, 205, 209 (Evelyn und Hans-Peter König, Zürich); alle übrigen Rezeptbilder (Andreas Thumm, Freiburg im Breisgau)
Bild Seite 90 (Alfred Hirsig, IG Dinkel, Bärau)
Rezepte: Beatrice Aepli: Seiten 119, 204; Marianna Buser; Seiten 45, 132; Carine Buhmann; Seiten 186, 198; Mirjam Hirano: Seiten 134, 136; Vreny Walther; Seite 55 (rechts), 56 (links), 97, 101, 112; Lucas Rosenblatt; Seiten 63, 64

Printed in Germany

ISBN 978-3-03780-283-0

Inhalt

Wo nicht anders vermerkt, sind die Rezepte für 4 Personen berechnet.

Vorwort

Das 1 x 1 der Naturküche

Möglichst frisch auf den Tisch! Das ist die Devise für eine gesunde und vitalstoffreiche Ernährung. Jahrein und jahraus kommen aus einheimischer Produktion Dutzende verschiedener Gemüse und Früchte auf den Markt. Und zwar zu jeder Jahreszeit genau diejenigen, die dem Körper am zuträglichsten sind.

Man nehme Gemüse vom Markt, kombiniere es mit Pasta und Teig, der großen Palette von Getreide (Reis, Dinkel, Buchweizen, Quinua, Amaranth, Dinkel, Hirse, Hafer, Mais ...), mit Kartoffeln und Hülsenfrüchten, verfeinert mit Garten- und Wildkräutern und Sprossen, und schon ist man auf dem Naturküche-Pfad. Hört sich einfach an ... und ist auch einfach. Nach dem gleichen Prinzip entstehen auch köstliche Antipasti, Suppen, Salate und in der süßen Küche und in der Backstube Feines mit Früchten.

Mehr Infos rund um die verwendeten Lebensmittel gibt es in der Einführung im großen Produkte-Abc. Es wurde bewusst nicht nach einheitlichem Muster gestrickt und hat auch nicht den Anspruch, alles umfassend zu sein. Sie finden, so hoffen wir, genau das, was Sie interessiert und Ihnen weiterhilft.

Was hat wann Saison? In der Rezept-Übersicht zu den jeweiligen Kapiteln finden Sie die Buchstaben F = Frühling, S = Sommer, H = Herbst und W = Winter.
Basis ist der Erntezeitpunkt der einheimischen Gemüse und Früchte.

Produkte-Info

Agar-Agar

Geschmacksneutrales, pflanzliches Bindemittel eines Extraktes auf Rotalgenbasis (als Pulver, Fäden oder Block im Handel). Agar-Agar eignet sich hervorragend zum Binden von Terrinen, Flans, Cremes, Gelees, Konfitüren usw. 1 g Agar-Agar aus dem Reformhaus/Bioladen entspricht einem Blatt Gelatine. Ein Teelöffel Agar-Agar bindet einen Liter Flüssigkeit. Wichtig: Die Bindekraft kann je nach Hersteller variieren.

Ahornsirup

Eingedickter Saft des Ahornbaums. Wird je nach Erntezeit den Qualitätsstufen A bis D zugeordnet. Früh geernteter heller Ahornsirup hat Qualitätsstufe A und ist entsprechend teuer.

Alfalfasprossen

Alfalfa stammt ursprünglich aus dem asiatischen Raum. Die Übersetzung: Gute Nahrung, aber auch Anfang, das Erste, Königin der Ernährung. Alfalfa ist für Babys nach der Muttermilch die beste erste grüne Nahrung. Bei den Indianern war Alfalfa die unbestrittene Kraftnahrung. Sie aßen die Sprossen als Gemüse, die Samen mahlten sie zu Mehl und verarbeiteten dieses dann zu Brei und Brot. Die Sprossen enthalten rund 40 % Eiweiß, sind zudem reich an Vitamin C, Mineralstoffen und lebenswichtigen Aminosäuren. mit 100 g Sprossen kann der tägliche Kalziumbedarf eines Erwachsenen gedeckt werden. Die Sprossen sind ganzjährig erhältlich.

Amaranth

Fuchsschwanzgewächs, in Zentral- und Südamerika beheimatet. Wird heute auch in den USA, in Afrika und in großen Teilen des Mittleren und Fernen Ostens angebaut. Zählt zu den ältesten Kulturpflanzen. Die Farbe der winzigkleinen Samen variiert von milchig-weiß über gelb, gold, rot, braun bis schwarz. Es gibt Körner- und Gemüse-Aamaranth und kombinierte Züchtungen. Amaranth ist glutenfrei, enthält viel Eiweiß, Kalzium, Eisen, Magnesium und ungesättigte Fettsäuren. Die Samen können wie Reis oder Hirse gekocht und wie Mais gepufft werden. Amaranthmehl und gepuffter, gemahlener Amaranth eignen sich für Fladenbrote und nussiges Gebäck.

Artischocke

Distelgewächs aus dem östlichen Mittelmeerraum. Früher ein Gemüse der Wohlhabenden. Vielleicht auch deshalb, weil nur 20–30 % der Frucht gegessen werden kann. Mehr zum Umgang mit Artischocken, Seite 107. Gesundheit: Cynarin ist ein Bitterstoff, der die Leberfunktion unterstützt und die Magenschleimhaut und die Verdauung günstig beeinflusst.
Saison: Sommer

Aubergine

Nachtschattengewächs. Ein Muss für mediterrane Gerichte. Die Gemüsefrucht ist mit dem hohen Kaliumgehalt verdauungsfördernd, entschlackend und entgiftend.
Saison: Juli bis September

Austernpilz

Kommt in der Natur vorwiegend im Herbst auf lebenden und toten Laubholzstämmen vor.

Avocado

Lorbeergewächs. Wunderfrucht der Mayas und Azteken, beheimatet in den feuchttropischen Urwäldern Mittel- und Südamerikas. Pflanzlicher Kaviar und Butter des Waldes (Fettanteil 11–23 %). Reich an ungesättigten Fettsäuren, Vitaminen und Mineralstoffen. Unreife Früchte zum Nachreifen in Zeitungspapier einwickeln. Zitronensaft unterbindet ein Oxidieren (braune Verfärbung) des Fruchtfleisches.
Saison: Ganzjährig im Angebot.

Backpulver, Weinstein-

Enthält im Gegensatz zu herkömmlichem Backpulver kein Phosphat und keine Phosphorsäure. Weinsteinbackpulver ist im Reformhaus und Bioladen in 20 g-Einheiten erhältlich. Besteht aus dem Treibmittel Natronbicarbonat und dem Säuerungsmittel Weinstein. Durch eine chemische Reaktion entsteht im Teig Kohlensäure, welche den Teig lockert und in die Höhe treibt.

Balsamico tradizionale

Durch jahrelange Lagerung in Holzfässern bekommt eingekochter Traubenmost eine tiefbraune Farbe und ein besonders intensives Aroma.
Es gibt auch weißen Balsamico, Quittenbalsam, Apfelbalsam, Birnenbalsam.

Barba di Frate

Wegerichgewächs. Wird auch Mönchs- oder Kapuzinerbart genannt. Wild wächst er bei mildem Winterklima an Meeresufern, in den Dünen, auf meernahen Wiesen, die von der Gischt salzgetränkt sind, auf ton- und salzhaltigem, feuchtem Boden. Mittlerweile wird Barba di Frate auch kultiviert.
Hat eine antibakterielle Wirkung; wirkt desinfizierend und harntreibend.
Saison: früher Frühling

Bärlauch

Liliengewächs. Sprießt früh im Frühling, bevorzugt in Laubwäldern. Je kleiner (jünger) die Blätter, desto aromatischer.
Für Salate, kalte und warme Saucen (Pesto, Quarksauce, Rahm-/Sahnesauce), Suppen.
Erntezeit: früher Frühling

Basilikum

Beliebte Würzpflanze. Einzigartiger pfeffrig-süßer Geschmack. Darf nicht gekocht werden (Aromaverlust, Verfärbung).
Erntezeit: Sommer

Baumnuss/Walnuss

Ist bei uns heimisch. In der pikanten und süßen Küche und für Gebäck beliebt. Die Nuss ist ein hervorragendes Stärkungsmittel für Körper und Psyche. Enthält die für das Herz wichtigen Alpha-Linolensäuren, eine Vorstufe der wertvollen Omega-3-Fettsäuren. Reich an Zink (für Leber, Haare und Fortpflanzungsorgane wichtig), Magnesium, Eisen, Kalzium und Vitaminen von A bis C.

Birnel/Birnendicksaft

Eingedickter Birnensaft. Ohne jeglichen Zusatz. Enthält den fruchteigenen Zucker der reifen Birne. Zum Süßen von kalten und warmen Speisen. Regt den Stoffwechsel an.

Blumenkohl

Ein Kohlgewächs. Der junge Spross aus der Kohlfamilie scheint beliebter zu sein als alle anderen Kohlgewächse. Liegt es am zarten Geschmack, an der guten Verdaulichkeit (Schonkost) oder an der Farbe? Apropos Farbe: Der Blumenkohl ist von Natur aus nicht schneeweiß. Nur bei rechtzeitiger Lichtabschirmung mit den eigenen Blättern bleibt er weiß. Wird das unterlassen, verfärbt sich der Blumenkohl gelegentlich violett.
Saison: Ende Mai bis Ende Juni und Oktober (2 Saisons).

Blumenkohl

Bohnenkraut

Buchweizen

Bohne, grüne

Schmetterlingsblütler. Eine Hülsenfrucht. Die Bohnen zählen mit ihrer einmaligen Sorten- und Artenvielfalt und dem hohen Anteil an pflanzlichem Eiweiß weltweit zu den wichtigsten Kulturpflanzen. Es werden Busch- und Stangenbohnen angebaut. Grüne Bohnen enthalten beachtliche Mengen der Vitamine A, B, C und E, zudem Eisen, Kalium und Magnesium. Grüne Bohnen enthalten das giftige Glukosid Phasin und dürfen deshalb nie roh gegessen werden.
Saison: Juli bis Oktober.

Bohnenkraut

Das beliebte Küchenkraut eignet sich für fast alle Kräutermischungen. Das Bohnenkraut kann man gut trocknen und tiefkühlen. Junge Blätter ganz über Salate und Rohkost streuen, ältere Blätter fein hacken. Bohnenkraut hilft bei Blähungen und Durchfall, es beruhigt die Nerven und regt den Appetit an.
Saison: Sommer

Bratbutter/Butterschmalz

Herstellung: Beim Erhitzen von Butter verdunstet das Wasser. Das an der Oberfläche schwimmende geronnene Eiweiß wird abgeschöpft. Bratbutter besteht zu fast 100 % aus Fett. Spritzt deshalb nicht und kann auch nicht verbrennen (im Gegensatz zu normaler Butter).

Brokkoli

Kohlgewächs. Ein typischer «Italiener». Spargelkohl, so der deutsche Name, steht auf der Liste der krebsvorbeugenden Lebensmittel ganz oben. Er gilt auch als Schutznahrung gegen Arteriosklerose und Herzinfarkt, ist gut für Augen, Haut und Nerven.
Saison: Juni bis August.

Bruschetta

Brotscheiben. Werden etwas dicker geschnitten als Crostini. Meist Ruch-/Schwarzbrot, seltener Vollkornbrot.

Buchweizen

Knöterichgewächs. Stärke- und eiweißreich, glutenfrei. Kommt geschält in den Handel. Buchweizenmehl ist ein gutes Bindemittel: 1 EL Mehl (mit 2–3 EL Wasser anrühren) ersetzt 1 Hühnerei. Russische Blinis, französische Galettes und auch Bündner Pizokel werden aus Buchweizenmehl hergestellt.

Bulgur

Eine hydrothermisch vorbehandelte Hartweizengrütze mit intensivem Aroma. Nach dem Trocknungsprozess wird die freigelegte Kleie mechanisch entfernt. Der Bulgur hat eine extrem kurze Kochzeit.

Cayennepfeffer

Pulver aus getrockneten Chilischoten.

Champignon, Zucht-

Im Handel werden weiße und braune Champignons und Riesenchampignons angeboten. Zuchtchampignons haben vielleicht etwas weniger Geschmack als Wald- und Wiesenchampignons, dafür kommen sie immer frisch und im richtigen Wachstumsstadium auf den Markt. Biss und Knackigkeit sind sprichwörtlich. Die Champignons sind reich an Eiweiß, Vitaminen und Mineralstoffen.

Chilis/Peperoncini/Peperoni

Worin unterscheiden sich Chilischoten und Peperoncini/Peperoni? In gar nichts! Außer in der Herkunft. Schoten (botanisch gesehen handelt es sich um Beeren) aus Mittelamerika und Asien heißen «Chilis», die aus dem Mittelmeergebiet und Europa «Peperoncini/Peperoni». Die kleinen und mehr oder wenigen scharfen Schoten sind in vielen Weltküchen ein Muss. Es gibt davon eine riesige Auswahl. Im reifen Zustand sind die Schoten rot, orange, gelb oder auch violett. Unreif sind sie grün, aber auch so können sie schon ganz schön scharf sein. Chilischoten gibt es frisch und getrocknet. Produkte: Cayenne, Flocken, Paprika, Chilipulver, Tabascosauce, Sambal.

Ciabatta

Luftiges italienisches Weißbrot

Couscous

Das Grundnahrungsmittel wird im Norden Afrikas aus Hartweizen, im Süden aus Hirse hergestellt. Grieß oder Mehl aus Hirse oder Hartweizen wird unter Zugabe von Wasser zu Kügelchen gerollt und dann getrocknet. Couscous muss nicht gekocht, sondern über Dampf lediglich aufgeschlossen werden.

Crème double

Extra dicker Rahm/dicke Sahne mit mindestens 45 % Fettanteil.

Crème fraîche

Dickflüssiger Sauerrahm/saure Sahne. Fettgehalt bis 40 %.

Crostini

Meist dünne Scheiben von Weiß-, seltener von Ruch-/Schwarzbrot. Das Brot soll trocken sein und keine Luftlöcher haben.

Champignon

Chili

Peperoni

Curry

Die Mischung enthält je nach Gegend bis zu 30 verschiedene Gewürze, etwa Chilis, Senfsamen, Kreuzkümmel, Kurkuma, Sternanis, Gewürznelken, schwarze Pfefferkörner, Korianderkörner, Zitronengras, Limonenblätter, Ingwer, Galanga, Knoblauch, Zwiebeln usw. Nicht die Vielfalt und die Menge der Zutaten sind für ein feines Curry verantwortlich, sondern deren Ausgewogenheit. Ideale Gewürzmischung für viele indische und orientalische Gerichte.

Eierschwämmchen/Pfifferling

Weil der Pilz nicht verwechselt werden kann, ist er an vielen Orten vom Aussterben bedroht. Bleibt lange frisch. Eierschwämmchen sind schwer verdaulich und sollten deshalb nur in kleinen Mengen gegessen werden. Mitunter wirkt der Pilz abführend. Er kann auch zu leichten Magen-Darm-Störungen führen.

Saison: Frühjahr bis Herbst.

Erdnuss

Ist botanisch keine Nuss, sondern der Kern einer Hülsenfrucht aus wärmeren Klimazonen. Weil die Früchte während der Reifezeit kein Licht vertragen, neigen sich die Fruchtknoten nach der Blüte zur Erde; die an den Spitzen hängenden Hülsen bohren sich 5 bis 10 cm tief in den Boden. Die Erdnüsse sind ein hochwertiges, nahrhaftes Lebensmittel.

Saison: Wintermonate

Curry

Dinkel

Erbse

Eierschwämmchen

Erdnuss

Dinkel

Eine alte, unverfälschte Getreideart, welche sich im biologischen und integrierten Anbau großer Beliebtheit erfreut. Vorfahre des Weizens. Aufgrund seiner Ursprünglichkeit ist er ertragsmäßig hinter dem Weizen zurückgeblieben. Dinkel hat mit seinem hohen Klebereiweißanteil bessere Backeigenschaften als Weizen. Wird von vielen Weizenallergikern gut vertragen.

Erbse, grüne/Gartenerbse

Schmetterlingsblütler. Hülsenfrucht. Ein beachtlicher Eiweißlieferant (6,6 %) und eine gute Energiequelle. Wunderbarer Sommer-Vorbote: Die Erbsen schmecken erntefrisch am besten: Sie sind sie fruchtig und süßlich. Alte Erbsen schmecken bitter und sind mehlig.

Saison: Juni

Essig (Spezialitäten)

Nicht ganz billig und deshalb meist in kleineren Gebinden werden Spezialessige wie Himbeer-, Honig-, Sherry-, Champagner-, Portwein- und auch Bieressig angeboten.

Fenchel

Doldengewächs. Reich an Kohlenhydraten und Faserstoffen. Wertvoll ist der hohe Anteil des Antioxidans Karotin – mit einer Portion Fenchel ist der Tagesbedarf gut gedeckt. Der Vitamin-C-Gehalt ist fast doppelt

so hoch wie in einer Orange. Auch das Vitamin B ist gut vertreten. Das für den Knochenbau benötigte Kalzium kommt beinahe in der gleichen Konzentration wie in der Milch vor. Auch beim Eisen, das für die Blutbildung wichtig ist, zählt der Fenchel zu den Spitzenreitern.
Saison: Fenchel ist zwar ganzjährig im Angebot. Aber nur erntefrische Knollen haben das erfrischende Anisaroma und die gewünschte Knackigkeit.

angebaut. In der Küche wird vor allem Gerstenschrot und Rollgerste/Graupen für Suppen, Eintöpfe und Füllungen verwendet.

Gluten

Glutenin und Gliadin bilden das Klebereiweiß (Gluten), welches den Teig «klebrig» macht. Bei Hitzeeinwirkung gerinnt es und bildet ein «Gerüst»; das ist Voraussetzung für gute Backresultate.

Der Extrakt wird heute mit Erfolg bei Immunschwächekrankheiten eingesetzt, und auch in der Landwirtschaft kommt er als umweltverträgliches Desinfektionsmittel zum Einsatz.
Lagerung: Dank dicker Schale halten sich die Grapefruits bei Zimmertemperatur bis zu 2 Wochen, im Kühlschrank oder in einem kühlen Keller bis zu 8 Wochen.
Saison: Wintermonate

Produkte-Info

Focaccia

Fladenbrot aus Pizzateig.

Gemüsebrühepulver

Auf Produkte ohne Zusatzstoffe wie Glutamat, Konservierungsmittel achten. Es gibt auch fettfreie Produkte.

Gerste

Ältestes Getreide überhaupt, welches sich der Mensch nutzbar gemacht hat. Wird heute vor allem in der Bierproduktion (Rohstoff für die Malzproduktion) und für die Tiernahrung

Grapefruit

Der Arzt und Hobbygärtner Jacob Harich (Florida) bemerkte 1980, dass die Grapefruitkerne auf seinem Kompost nicht verrotten. Der auf die Erforschung von natürlichen Heilmitteln spezialisierte Immunologe untersuchte die Kerne und kam zu einem überraschenden Resultat: Ein Extrakt aus gemahlenen Grapefruitkernen und wenig dünnen Fruchthäutchen wirkte beim Menschen bei Viren- und Pilzerkrankungen wie ein Antibiotikum, und dies ohne jede Nebenwirkung.

Grünkern

In der Milchreife geernteter Dinkel, der nachträglich gedarrt wird.

Grünkohl

Pflegeleichteste Kohlart. Passt sich jedem Boden und jedem Klima an. Einem Federbüschel gleich sind die langen, krausen Blätter mit ihren dicken, fleischigen Mittelrippen dicht über dem Boden zusammengewachsen. Grünkohl zählt aufgrund seiner hohen Dichte an Biostoffen zu den wertvollsten Gemüsen.

Von allen Kohlsorten hat er den höchsten Gehalt an Kalzium und Eiweiß. Ein zusätzliches Plus ist seine leichte Verdaulichkeit. Sein kräftiges Aroma wird nach einem Frost noch intensiver – durch die Kälte wird die Stärke in Zucker umgewandelt.
Saison: Winter

Gruyère
Ein Hartkäse. 60 % Fett. Kann durch Cheddar oder Emmentaler Käse ersetzt werden.

Honig
Das Gold der Bienen. Besteht mehrheitlich aus Frucht- und Traubenzucker. Reich an Vitalstoffen. Durch das Erhitzen über 40 °C gehen leider wertvolle Inhaltsstoffe verloren; dennoch darf der Honig in der warmen Küche verwendet werden.

Honig, Blüten-
Aus Nektar verschiedener Pflanzen aus einer Region produziert. Wird auch als Landschafts- respektive Wiesen- oder Sommerblütenhonig bezeichnet. Helle Farbe.

Aroma und ist sehr süß. Weil er sehr lang flüssig bleibt, kann er leicht dosiert werden.

Honig, Kastanienblüten-
Die männlichen Blüten der Edelkastanie liefern im Juni große Mengen von Nektar und Pollen. Naturreiner Kastanienhonig ist kräftig-herb und hat einen leicht bittersüßen Geschmack, der an den Duft der blühenden Bäume erinnert. Der Honig ist hell- bis mittelbraun, manchmal mit einer leichten Rottönung. Er bleibt lange flüssig. Wegen seines kräftigen Geschmacks ist er als Süßmittel weniger geeignet. Er schmeckt auf Vollkornbrot, zu Käse, Früchten und Nüssen.

Gruyère

Honig

Hefeflocken
Glutenfreies Würz- und Bindemittel. Wird aus wärmegetrockneter Hefe hergestellt (Hefepilz inaktiv). Würziges, nussiges Aroma. Für die warme und kalte Küche. Reich an Vitaminen und Mineralstoffen.

Hirse, Gold-
Geschältes, d. h. von der harten Schale befreites Hirsekorn. Goldgelb.

Honig, Wald-
Für Waldhonig (Honigtauhonig) sammeln die Bienen die zuckerhaltigen Ausscheidungen pflanzensaugender Insekten, vor allem von Läusen, welche die eigentlichen Honigtauerzeuger sind. Dunkle Farbe, im Geschmack kräftiger als Blütenhonig.

Honig, Akazienblüten-
Die Akazie blüht gegen Ende Mai bis Anfang Juni. Der Honig ist hell und klar und hat ein ausgesprochen mildes

Honig, Orangenblüten-
Reiner Orangenblütenhonig stammt meist aus Sizilien oder Spanien. Er ist süß und aromatisch. In Italien wird ein Honig unter der Bezeichnung «Agrumi» verkauft. Gewonnen wird er aus dem Nektar von Orangen-, Zitronen-, Grapefruit-, Limetten- und anderen Zitrusfruchtblüten.

Hülsenfrüchte

Ein Sammelbegriff für Bohnen, Erbsen und Linsen. Sind in der Ernährung so wichtig und wertvoll, dass man sie ohne zu übertreiben als Mini-Schatzkammern, gefüllt mit Maxi-Nährstoffen, bezeichnen kann. Sie sind reich an Vitaminen, Mineralstoffen und Spurenelementen, wovon Eisen und Selen besonders zu erwähnen sind. Eine gute Wirkung hat der regelmäßige Genuss zudem auf die Knochenfestigkeit.

Von allen bekannten Lebensmitteln haben die Hülsenfrüchte den höchsten Eiweißgehalt – je nach Sorte macht er mehr als 20 % aus. Deshalb sind die Hülsenfrüchte in der Dritten Welt noch immer die wichtigsten Eiweißlieferanten. Schon früh haben die Menschen erkannt, dass sie mit Getreide/Pasta eine optimale Kombination sind.

Ingwerwurzel

Brennend scharfer, erfrischender, zitronenähnlicher Geruch, gleichzeitig süßlicher Geschmack. Der Ingwer stammt aus den Tropen, insbesondere Indien und China. Wichtigste Zutat für Currymischungen.
Der Ingwer gilt als Magendroge, welcher bei Übelkeit jeglicher Art hilft. Beachtenswert ist seine cholesterinsenkende, entzündungshemmende, entgiftende Wirkung. Er wirkt der Blutverklumpung entgegen und schützt damit vor Schlaganfall. Stimulation für das zentrale Nervensystem.

Ingwer

Kapern

Kardamom

Kakaopulver

Gemahlener, gesiebter Kakaokuchen, der beim Abpressen der Kakaobutter aus der Kakaomasse anfällt. Kräftiger Geschmack. Gezuckert und ungezuckert im Handel.

Kamut

Vorfahre des Hartweizens, wird ausschließlich biologisch angebaut. Allergiker mit einer Weizeneiweiß-Unverträglichkeit (nicht Klebereiweiß) können auf Kamut umstellen. In 95 % der Fälle bleiben allergische Reaktionen aus.

Kapern

Die besten Kapern stammen von Pantelleria und von Salina, zwei kleine Inseln vor der Küste Siziliens. Dort werden sie in der Regel in Salz eingelegt, was ihren typischen Geschmack besser konserviert als das Einlegen in Olivenöl. Vor der Verwendung sollten eingesalzene Kapern gründlich unter fließendem Wasser abgespült werden. Kapern sind ideale Appetitanreger. Sie enthalten in Spuren Biostoffe, welche die Gefäßwände stärken.

Kardamom

Ein Vertreter der Ingwerfamilie. Süßlich pikanter Geschmack. Verwendet werden ganze Kapseln, ausgelöste Samen und das daraus hergestellte Pulver.

Kerbel

Doldengewächs. Zartwürziges, süßlich-frisches, leicht anisartiges Aroma. Vorzüglicher Geschmacksverstärker. Typisches Frühlingsgewächs, das als ganzes Kräutchen gegessen wird. Kerbel eignet sich nicht zum Trocknen.

Kichererbse

Gelbe Hülsenfrucht aus dem tropischen und subtropischen Raum. Wird in Äthiopien und Nordafrika angebaut. Reich an Mineralstoffen wie Kalium, Kalzium und Phosphor. Hoher Eiweißgehalt. Mehl aus Kichererbsen kann in Backwaren das Ei ersetzen. Die Kichererbsen haben einen leicht mehligen, nussigen Geschmack. Die getrockneten Erbsen über Nacht in Wasser einweichen. Mit frischem Wasser aufsetzen und weich garen.

Knoblauch

Aufgrund seiner Inhaltsstoffe, zu denen auch das Antioxidans Selen zählt, ist der Knoblauch eines der besten und gesündesten Anti-Krebsmittel. Auch für Herz und Gefäße ist er ein wahres Wundermittel. Eigentlich müsste er schon längst das Prädikat «Functional Food» haben. Beim Kauf darauf achten, dass die Knollen makellos und fest sind. Wegen ihres starken Duftes und wegen der Feuchtigkeit sollten sie nicht im Kühlschrank, sondern an einem trockenen, dunklen Ort gelagert werden.

Kerbel

Knoblauch

Kokosnussmilch

In vielen asiatischen Ländern wird zum Kochen Kokosmilch verwendet. Im Handel ist die Milch in Dosen und in der Tetrapackung erhältlich. Sie gibt Suppen und Saucen eine leicht cremige Konsistenz und bricht oftmals die Spitze von scharfen Zutaten. Durch langes Stehenlassen trennen sich Wasser und Fett ähnlich wie bei der Kuhmilch, wobei das Fett auf der Oberfläche abgelagert wird. Durch kräftiges Rühren verbinden sich die beiden Elemente wieder. Die Kokosmilch kann auch aus Raspeln hergestellt werden: 50 g Kokosraspeln etwa 10 Minuten in ½ Liter Wasser köcheln. Abseihen. Ergibt 2 dl/200 ml Milch.

Kokosnuss

Steinfrucht der Kokospalme, die an tropischen Küsten wächst. Um das Wasser abfließen zu lassen (kann getrunken werden), die Schale mit einem Nagel oder einem Korkenzieher durchbohren. Die Schale kann mühelos aufgebrochen werden, wenn man die ganze Nuss für etwa 15 Minuten in den Tiefkühler legt. Dann die Kokosnuss auf ein Blech legen und in den auf 250 °C vorgeheizten Backofen schieben. Sobald die Schale Risse hat, die Kokosnuss herausnehmen, abkühlen lassen und aufbrechen. Fruchtfleisch herauslösen, auf Röstiraffel/Gemüsehobel raspeln.

Koriander

Eine Gewürzpflanze aus den Mittelmeer- und Balkanländern. Heute wird der Koriander auch im Mittleren Osten, in Indien und in Zentral- und Südamerika angebaut. Die Samen sind rund und gerippt und haben einen Durchmesser von 3 bis 4 mm. Die reifen Fruchtkapseln haben einen süßlichen, würzig-holzigen Duft mit einem Hauch von Pfeffer und Balsam.

Kresse, Winter-

Winterkresse ist eigentlich eine Wildpflanze, die heute oft von Biobauern kultiviert und angeboten wird. Winterkresse hat einen würzigen Geschmack und ist reich an Vitamin C. Schmeckt am besten, wenn sie in Kombination mit anderen Salaten serviert wird.

Kürbiskerne, Kürbiskernsprossen

Aus dem Ölkürbis gewonnene Kerne, die roh und geröstet köstlich schmecken. Sie sind reich an Zink und Selen. Das Öl besteht größtenteils aus mehrfach ungesättigten Fettsäuren. Es hat eine große Verjüngungskraft und ist gut für die Nieren und die Blase. Die Samen und daraus gezogene Sprossen enthalten reichlich Vitamin E, Symbol der Fruchtbarkeit, und Vitamin A und Eisen. Bei Prostatabeschwerden sind Samen und Sprossen ein beliebtes Heilmittel.

Koriander

Kreuzkümmel

Kresse, Brunnen-, Wasserkresse

Kreuzblütler. Die Brunnenkresse – Wasserpflanze – wird selten kultiviert. Gedeiht an Bach- und Teichufern. Der lange Pflanzenstängel wächst über die Wasseroberfläche hinaus, wo er würzige grüne Blätter bildet, die sehr mineralstoffreich und aromatisch sind.

Kresse, Garten-

Kreuzblütler. Schnell wachsende Kresseart, deren Pflanze 2–3 Tage nach dem Keimen in den Handel kommt.

Kreuzkümmel

Nicht zu verwechseln mit Kümmel. In Indien, Nordafrika, im Mittleren Osten, in Mexiko und in Amerika ist der Kreuzkümmel weit verbreitet. Die getrockneten Samen sind etwa 5 mm lang und längs gerippt und haben einige wenige Borsten. Der ausgeprägte Geruch, die Samen werden meistens trocken geröstet, sticht einem beim Betreten eines indischen Restaurants sofort in die Nase.

Kürbiskernöl

Wird aus den Kernen des Ölkürbis gepresst. Das dunkle Öl hat einen intensiven, nussigen Geschmack. Es wird meist mit einem anderen Öl gemischt. Es eignet sich vor allem für Blattsalate.

Löwenzahn, wilder

Die ersten jungen Löwenzahnblätter sind besonders aromatisch und eignen sich vorzüglich als Salat.

Maismehl

Weil der Mais kein Klebereiweiß (Gluten) enthält, ist reines Maismehl zum Backen ungeeignet; es muss mit anderem Mehl gemischt werden. Tortillas, die typischen mexikanischen Fladenbrote, werden aus Maismehl hergestellt.

Meerrettich

Minze

Mascarpone

Weicher, butterähnlicher Frischkäse aus Kuhmilch, mit süßlich-säuerlichem Geschmack. Wird aus frischem Rahm/frischer Sahne hergestellt. Kann durch Crème double/Doppelrahm ersetzt werden.

Meerrettich

Der Meerrettich ist beliebt zum Aromatisieren von Gemüse, für kalte und warme Saucen. Gekocht verliert er viel von seinem Aroma.

Mehl Type (Weizen)

Je höher der Ausmahlungsgrad (d. h. je weniger vom Korn entfernt wird), desto höher der Mineralstoffgehalt. Die Mehl Type gibt den Mineralstoffgehalt in mg je 100 g Mehl an: Weißmehl 400/405, dunkles Weißmehl 550, Halbweißmehl 720, Ruchmehl/Graumehl 1100/1050, dunkles Ruchmehl 1200, Vollkornmehl 1900.

Mehl Type (Dinkel)

Weißmehl 630, Ruchmehl 1050.

Mehl (Inhaltsstoffe)

Weißmehl: Wird aus dem inneren Teil des Korns (Mehlkern) gewonnen. Dem Weißmehl fehlen Aleuronschicht (Eiweißschicht), Keimling und Hautschichten.
Halbweißmehl: Helles, schalenfreies Mehl. Dem Mehl fehlen Keimling und Hautschichten.
Ruch-/Grau-/Schwarzmehl: Enthält Mehlkern, Aleuronschicht und äußere Schalenteile. Es fehlt der Keimling.
Vollkornmehl: Aus ganzen Körnern gemahlenes Mehl. Es sollte nach Möglichkeit frisch gemahlen und rasch verarbeitet werden, damit die wertvollen Inhaltsstoffe erhalten bleiben.

Minze

Lippenblütler. Es dürfte einige Hundert Minzesorten weltweit geben. Je nach Sorte enthalten die Blätter mehr oder weniger Menthol (ein ätherisches Öl), das dem Kraut eine besondere Frische verleiht.

Mungobohnen

Kleine grüne Sojabohnenart, die aus Indien stammt. Ideal für die Sprossenzucht.

Muskatnuss

Frucht eines immergrünen Baumes, welcher in Sri Lanka, Malaysia und Westindien angebaut wird. Am besten bekannt ist bei uns als Gewürz die Nuss. Aber auch die Blüte – der Mantel, welche den Samen umschließt – wird in der Küche verwendet.

Muskatnuss und Muskatnussblüte haben ein ähnliches Aroma; die Blüte ist jedoch feiner und vollmundiger.

Nahrungsfasern

Die aus Zellulose bestehenden Nahrungsfasern sind unverdaulich. Zellulose gehört zur Gruppe der Kohlehydrate und ist ein Vielfachzucker. Nahrungsfasern liefern zwar keine Energie, sie reizen aber den Darm und regen ihn zu verstärkter Tätigkeit an, was die Verdauung fördert. Wer sich gesund ernähren will, sollte täglich 30 g Faserstoffe zu sich nehmen.

Nussöl

Mandel-, Baumnuss-/Walnuss- und Haselnussöl werden kalt gepresst. Sie geben dem Salat ein wunderbares Nussaroma. Weil diese Öle relativ teuer und geschmacksintensiv sind, empfiehlt es sich, die Sauce mit halb Nussöl und halb Sonnenblumen- oder Erdnussöl zuzubereiten.

Olivenöl – Qualitätsstufen

Bei keinem anderen Öl gibt es größere Unterschiede bezüglich Preis und Qualität. Für Salate/Rohkost in jedem Fall ein teureres Olivenöl mit dem Ölgewinnung, desto hochwertiger das Öl. Der Anteil an freien Fettsäuren beträgt max. 1 %. Bei Spitzenprodukten liegt er bei nur noch 0,2 %.

Oliven

Entsteinte, in Salzlake eingelegte Oliven büssen massiv an Geschmack ein. Zu beachten ist auch, dass die Oliven oft mit Konservierungsmitteln haltbar gemacht und mit künstlicher Farbe geschönt werden. Wer die Möglichkeit hat, sollte die Oliven offen kaufen, z. B. beim Italiener auf dem Markt.

Oliven

Olivenöl

Orange

Produkte-Info

Nüsse (Mandeln, Haselnüsse, Baumnüsse/Walnüsse)

Nüsse sind reich an Mineralstoffen, etwa an Phosphor, Kalzium und Eisen, und Vitaminen der B-Gruppe. Auch Vitamin E und Nahrungsfasern sind teilweise in beachtlicher Menge vorhanden. Das in den Nüssen enthaltene Fett ist reich an wertvollen essentiellen Fettsäuren. Wegen des hohen Fettanteils werden Nüsse rasch ranzig: Am besten im Tiefkühler/Kühlschrank lagern.

Gütezeichen «extra nativ/extra virgine» verwenden.
«Olivenöl» ist ein Verschnitt von raffiniertem Öl und Olivenöl nativ; es darf kein Lampantöl enthalten.
Diese Ölqualität wird häufig in Supermärkten/Warenhäusern zu günstigen Preisen verkauft. Ein Ursprungsnachweis ist nicht erforderlich. Bei «Olivenöl extra nativ» respektive «extra vergine» handelt es sich um die höchste Qualitätsstufe. Je tiefer die Temperatur bei der

Orange

Die Orangen haben meist ein süßes Fruchtfleisch. Sie unterscheiden sich in Form, Farbe und Geschmack. Außer unseren «Tafelorangen» haben viele Sorten, besonders aus dem asiatischen Raum, eine grüngelbe oder auch grünorange Schale und ein hellgelbes bis orangefarbenes Fruchtfleisch.
Weil Orangen meist intensiv behandelt werden, sollte man zum Kochen nur unbehandelte Früchte verwenden.
Bei uns werden die vitaminreichen

Früchte in vier Klassen eingeteilt: «Blond», «Halbblut», «Vollblut» und «Bitterorange».
Lagerung: Gesunde, unverletzte Orangen können im Kühlschrank oder in einem kühlen Keller sehr lange, gelagert werden, bis 6 Wochen. Unbehandelte Sorten beginnen oft nach relativ kurzer Zeit, häufig schon nach einer Woche, zu verderben.

Pecannuss
Baumnuss/Walnuss der Amerikaner. Eine Hartschalenfrucht mit glatter, leicht aufzubrechender Schale und baumnussähnlichem Kern. Mild-aromatisch, schwach süßlich.

Pecorino
Populärer Hartkäse aus Schafsmilch. Eignet sich wie der aus Kuhmilch hergestellte Parmesan als Reibkäse.

Pfeffer
Ist das bei uns mit Abstand am meisten verwendete Gewürz. Der Pfeffer stammt ursprünglich aus den Monsunwäldern der Malabarküste in Südindien. Heute wird er auch in Malaysia, Indonesien und Brasilien angebaut. Die Kletterpflanze wird an Stangen oder an Schattenbäumen gezogen.
Für schwarzen Pfeffer werden die fast reifen, aber noch grünen Beeren gepflückt und zum Trocknen in der Sonne ausgebreitet. Nach einigen Tagen sind die Beeren hart, dunkel-

Pastinake

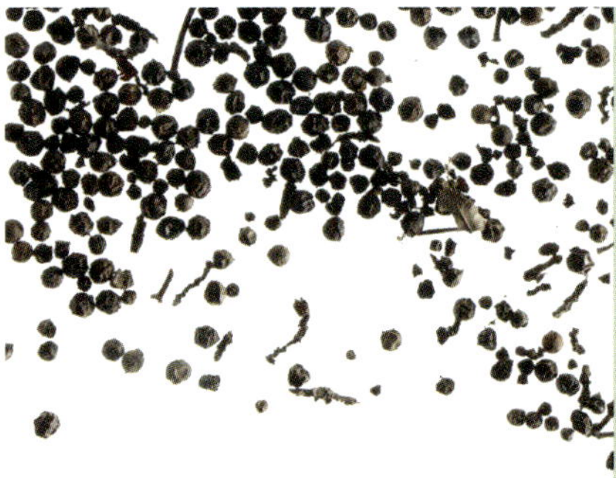
Pfeffer, schwarz

Pfeffer, weiß

Pastinake
Doldengewächs. Vermutlich eine Kreuzung aus Karotte und Petersilie. Kulturzeit bis 7 Monate. Sie wird im Frühjahr gesät und erst nach dem ersten Frost geerntet. Den Frost braucht die Wurzel, damit sie ihr Aroma voll entfalten kann. Die Pastinake ist winterhart. Ihr Geschmack ist aromatisch, leicht süßlich, er liegt zwischen Karotte und Knollensellerie. Die Wurzel hat einen hohen Nährwert und ist reich an ätherischen Ölen.

Peperoni/Paprikaschote
Nachtschattengewächs. Nebst vielen bioaktiven Substanzen ist der hohe Vitamin-C-Gehalt bemerkenswert. Rote Schoten enthalten doppelt so viel Vitamin C wie die Zitrone. Mit 100 g kann der Tagesbedarf gedeckt werden. Dieser Gesundheitscocktail wird durch Mineralien wie Kalzium, Kalium, Magnesium, Phosphor und Eisen zusätzlich aufgewertet.

braun und die Oberfläche schrumpelig. Dem schärfsten aller Pfeffersorten, dem weißen Pfeffer, fehlen die begleitenden Aromen. Der weiße Pfeffer wird lediglich aus optischen Gründen in hellen Suppen und Saucen verwendet. Zur Herstellung werden ausgereifte rote Pfefferbeeren tagelang in Wasser eingelegt. Anschließend wird die äußere aufgeweichte Hülle der Steinfrucht mechanisch entfernt. Zurück bleibt das elfenbeinweiße, sehr scharfe Pfefferkorn.

Pfeilwurzelmehl

Pflanzliches Bindemittel. Aus der Knolle der westindischen Pflanze «Maranta arundinacea L.» gewonnen. Man nennt das Bindemittel auch Marantamehl. Erhältlich in Bio-/Naturkostläden und im Reformhaus.

Pita-Brötchen

Brottasche aus Hefeteig.

Pumpernickel

Aus Roggenmehl und Roggenschrot. Wird mit Sauerteig geführt. Säuerlicher Geschmack.

Quinua

Quark, Vollmilch-

Wird aus unpasteurisierter Vollmilch hergestellt. Unterscheidet sich von handelsüblichem Quark (Magerquark, Rahm-/Sahnequark) in Konsistenz (fester) und Geschmack (mehr Aroma).

Quinua

Knöterichgewächs. Reis der Inkas. Vitamin- und mineralstoffreich. Glutenfrei. Uralte Pflanze aus den Anden. Im Gebiet der heutigen Länder Peru und Bolivien war Quinua für die Bevölkerung über Jahrtausende ein Grundnahrungsmittel. Die Samen sind blassgelblich, rund und flach. Beim Garen werden sie durchsichtig. Der Geschmack ist dem Sesam ähnlich. Das Eiweiß besitzt die gleiche biologische Wertigkeit wie Kuhmilch-Eiweiß. Quinua wird wie Reis gekocht. Er eignet sich für süße und pikante Gerichte.

Vom Rohreis zum weißen Reis

Rohreis oder Paddy sind gedroschene, getrocknete Körner, die noch von der ungenießbaren Spelze umgeben sind. In dieser Form ist der Reis vor Schädlingen geschützt und kann auch als Saatgut verwendet werden.

Für Halbrohreis oder Vollreis/Naturreis wird der Reis auch heute noch vielerorts gestampft, um die Spelze vom Korn zu lösen. Auf großen Betrieben kommen aber Maschinen zum Einsatz. Durch sanfte Reibung lösen sich die harten Teile vom Korn. Für weißen Reis wird das Korn geschliefen, d. h. das Silberhäutchen und der Keimling entfernt. Die nährstoffreichen Abfallprodukte werden für diverse Produkte weiterverwertet.

Reis, Parboiled

Um die gesundheitlichen Nachteile von weißem Reis zu minimieren, entwickelten die Amerikaner nach dem Zweiten Weltkrieg das Parboiling-Verfahren (vorkochen). Dem Rohreis wird unter Vakuum zuerst die Luft entzogen. Danach werden die Körner in lauwarmem Wasser eingeweicht: Die im Silberhäutchen und im Keimling enthaltenen wertvollen Nährstoffe lösen sich. Mit Wasserdampf und hohem Druck werden die Nährstoffe ins Innere des Reiskorns gepresst. In der anschließenden Dampfwäsche wird die Oberfläche versiegelt. Nach der Trocknung wird das Silberhäutchen und der Keimling entfernt. Vitamine und Mineralstoffe bleiben weitgehend erhalten. Allerdings fehlen die verdauungsfördernden Randschichten und der Keimling. 20 % der Welternte wird zu Parboiled Reis verarbeitet. Der Reis ist gut lagerfähig und bleibt beim Kochen locker und körnig. Das leicht transparente gelbliche Korn wird beim Kochen weiß.

Reis, Wild-

Der Wildreis ist kein Reis, sondern ein Wassergras. Galt früher als Geheimtipp, war sehr teuer und entsprechend schwer zu beschaffen. Heute ist der Wildreis für alle erschwinglich und fast überall erhältlich. Er wächst in sauberen Seen und Sümpfen, vom Nordosten der USA und dem angrenzenden Kanada bis nach Florida. Da der steigende Bedarf kaum mehr gedeckt werden kann, wird versucht, den Wildreis auch in Kalifornien, Florida und Wisconsin anzusiedeln. Ziel ist, durch Züchtung Sorten mit höherem Ertrag und gleicher Reifezeit aller Körner zu erhalten. Qualität und Geschmack sind dem echten Wildreis nicht ebenbürtig.

Reisflocken

Die Reiskörner werden gedämpft und gewalzt oder gequetscht. Reisflocken sind sehr knusprig; ideal für Müeslis.

Reismehl

Durch Mahlen von ungeschältem oder poliertem Reis oder Bruchreis gewonnen. Der Mahlvorgang ist ähnlich wie bei anderen Getreidesorten, nur dass der Reis viel feiner gemahlen wird. Reismehl enthält viel Stärke, aber kaum Klebereiweiß und ist deshalb nicht backtauglich. Das im Reismehl enthaltene Eiweiß kann nicht wie das Brotgetreide ein netzartiges Gerüst aufbauen. Das Gebäck bleibt deshalb flach und bekommt nur kleine Poren. Die feinkörnige Reisstärke eignet sich hingegen zum Binden von Suppen, Saucen und Desserts. Das Mehl ist auch in der Diätküche und für die Herstellung von Babynahrung beliebt.

Reismilch/Reisdrink

Wenn man Reismehl mit Wasser ansetzt, wird die Stärke durch enzymatische Reaktionen in Maltose (Doppelzucker) umgewandelt. Das Produkt ist ein natursüßer Drink. Eine gute Alternative zu Kuhmilch (Milch-/Milchzucker-Unverträglichkeit).

Reisnudeln

Das Angebot im Asienladen reicht von zentimeterbreiten Bandnudeln bis haarfeinen Suppennudeln. Getrocknete Reisnudeln sind glasig, fast transparent und spröde. Getrocknete Reisnudeln können mit Glasnudeln (aus Mehl von Mungobohnen hergestellt) verwechselt werden. Nach dem Kochen haben die Reisnudeln wieder die Farbe von poliertem Reis, d. h. sie sind milchigweiß. In Europa sind in der Regel nur getrocknete Reisnudeln im Handel. Die Zubereitung ist einfach. Entweder man kocht die Nudeln einige Minuten in sprudelndem Wasser oder man übergießt sie mit kochendem Wasser und lässt sie darin etwa 10 Minuten liegen. Nudeln anschließend mit kaltem Wasser überbrausen, damit sie nicht zusammenkleben.

Wildreis

Rohrohrzucker

(Sucanat, Panela, Panelista, Mascobado): Bei der Herstellung wird das Zuckerrohr kalt gepresst und der Saft so eingedampft, dass beides, Zucker und Melasse, im Endprodukt bleiben. Brauner Zucker respektive Rohrzucker wird entweder aus weißem Zucker hergestellt, dem nachträglich Melasse beigemischt wird, oder durch Weglassen der letzten Raffinierungsstufe erreicht.

Rucola

Salz

Sesamsamen

Senfkörner

Rucola/Rauke

Kreuzblütler. Rucola ist das Kraut, das in den letzten Jahren einen eigentlichen Boom erlebt hat. Es hat einen würzig-nussigen, leicht bitteren Geschmack. Die Blattform ist bei der ersten Ernte noch glatt und wird durch mehrmaliges Schneiden dem Löwenzahn immer ähnlicher.

Salz

Salz ist nicht gleich Salz. Im Fachhandel gibt es unraffinierte Produkte, welche dem Organismus wichtige natürliche Mineralstoffe (Kalium, Magnesium, Kalzium, Jod und Fluor) zuführen. Das mit Zusätzen angereichertes Salinensalz besteht zu 98 % aus Kochsalz (NaCl), welches dem Körper Mineralstoffe entzieht.

Senfkörner

Eine der wenigen Gewürzpflanzen, die in unseren Breitengraden heimisch ist. Im Mittelalter war Senf für arme Leute die einzige Möglichkeit, ihre Speisen zu würzen. Während der schwarze Senf aus Südeuropa und Westasien stammt, kommt der braune aus Indien. Weißer Senf ist in den meisten Ländern mit einem gemäßigten Klima (Europa, Nordamerika) heimisch.

Sesamsamen, weiße und schwarze

Sesamsamen enthalten bis zu 50 % hochwertiges Öl, das eine Vielzahl von ungesättigten Fettsäuren enthält. Der Eiweißanteil von 20 % macht die Sesamsamen zu einem wichtigen Lebensmittel in der vegetarischen Küche.

Shiitake

Die Shiitake werden wegen des allgemein stärkenden Einflusses auf den menschlichen Körper und besonders wegen der Abwehrwirkung gegenüber Erkältungskrankheiten geschätzt. Sie sind reich an Vitaminen und haben zudem einen günstigen Einfluss auf den Cholesterinspiegel. Vorkommen: Auf Baumstämmen gezüchtet oder auf künstlichem Nährboden in klimatisierten Räumen kultiviert.
Saison/Verfügbarkeit: ganzjährig
Küche: Nur die Hüte verwenden, die Stiele sind etwas zäh. Nicht zum Rohessen geeignet.

Sojasauce

Es gibt helle salzige und dunkle süßliche Saucen. Ausgangsprodukt sind fermentierte Sojabohnen, Weizen oder Gerste, denen Salz und oft auch Hefe zugefügt wird. Ältestes Würzmittel in der chinesischen Küche.

Sonnenblumenöl

Kann in der kalten und warmen Küche breit eingesetzt werden. Es ist mit seinem neutralen Geschmack ideal für Salatsaucen.

Steinpilz

Tofu

Spinat

Gänsefußgewächs. Der Spinat wird nicht nach Sorten, sondern nach Aussaatterminen deklariert. Frühlings-, Sommer- und Winterspinat. Für Salate eignen sich besonders die jungen, zarten Blätter des Frühlingsspinats.

Steinpilz

Es gibt zahlreiche essbare Steinpilzsorten von unterschiedlicher Farbe. Aus kulinarischer Sicht ist die Farbe des Hutes unwichtig. Eine Delikatesse ist der Steinpilz in jedem Fall.
Saison: Mai bis Oktober, je nach Pilzsorte und Standort.
Küche: Verwendet werden Stiel und Hut. Der Pilz ist aromatisch und zartfleischig. Der Steinpilz kann durch den Garprozess recht schleimig werden. Junge Steinpilze gehören zu den wenigen Pilzen, die auch roh gegessen werden können. Ideal zum Einlegen in Öl und zum Trocknen/Dörren.

Tofu

Die Herstellung von Tofu ist heute ganz einfach. Er wird aus gelben, weißen oder grünen Sojabohnen hergestellt. Die Bohnen werden über Nacht eingeweicht, anderntags gekocht und zu einer jogurtartigen Masse zerstampft, bevor die Bohnenmilch und der Bohnenbrei getrennt werden.
Der Bohnenmilch wird ein Gerinnungsmittel zugefügt. Die noch warme Milch wird in eine Form gegossen, die mit einem feinen Baumwolltuch ausgelegt ist. Im Tuch bleibt der Tofu-Quark zurück, die Flüssigkeit fließt ab. Der Tofu hat auf der Unterseite die Struktur des Baumwollstoffes und heißt «baumwollgesiebter Tofu». Der feinere, weichere Tofu, der aus dickerer Bohnenmilch hergestellt wird und bei dem die überschüssige Flüssigkeit nicht abgegossen wird, heißt «seidengesiebter» Tofu. Beide Tofuarten werden aus der Form genommen und für ein rasches Abkühlen in kaltes Wasser gelegt, damit er noch fester wird.
Den Seidentofu isst man heiß oder kalt mit Gewürzen wie Sojasauce, geriebenem Ingwer, Frühlingszwiebeln, als Suppeneinlage usw. Er ist auch ideal für die Herstellung kalter Cremes (Seiten 182/183). Der festere Baumwolltofu ist ideal zum Braten, Frittieren und zum Kombinieren mit Gemüse.

Tomate

Tomaten aus biologischem Anbau sind randvoll von Antioxidantien in Form von Karotin, Vitamin C und E und dem Nervenvitamin B. Sie enthalten beachtliche Mengen an Mineralstoffen und Spurenelementen wie Magnesium, Kalium, Eisen, Kalzium, Kobalt, Zink und Nickel. Dazu kommen natürliche Phytoöstrogene sowie natürliche Cortisone, ätherische Öle und zahlreiche weitere bioaktive Substanzen. Eigentlich müsste die Tomate der Superstar unter den Heil- und Schutzpflanzen sein, wäre sie von Agrarspekulanten und Gen-Technologen nicht zu einer in Treibhäusern gezüchteten Massen-Plastikware degradiert worden. Also Augen auf beim Kauf von Tomaten – am besten sind Freilandtomaten in Bioqualität.

Tomaten schälen: In den Rezepten wird die traditionelle Schälmethode beschrieben, also die Tomaten in kochendes Wasser tauchen, dann kalt abschrecken und schälen.
Man kann es aber auch mit dem Sparschäler versuchen! In diesem Fall Tomaten nicht in heißes Wasser tauchen.
Saison: Juli bis September

Vanille

Exotisches Gewürz aus der bis 25 cm langen, schotenartigen Kapselfrucht einer hochrankenden Orchideenart. Die aus Mexiko stammende Orchidee war schon den Inkas bekannt. Sie wächst in vielen tropischen Ländern. Am bekanntesten ist die Bourbon-Vanille (von den Inseln La Réunion, Madagaskar und von den Komoren). Am teuersten ist die seltene Tahiti-Vanille.
Die grüngelben Schoten werden kurz vor der Reife gepflückt, gewaschen und anschließend einem Gärungsprozess (Fermentation) unterzogen, welcher die Kapseln geschmeidig macht. Dann werden sie in geschlossenen Behältern getrocknet, wo sie die dunkle Farbe und das Aroma bilden. Während sich für Cremes und Puddings vor allem Schoten eignen, wird für Backwaren eher der mit Zucker vermischte Extrakt verwendet.

Vanilleschoten

Weizensprossen

Werden aus unbehandelten Weizenkörnern gezogen. Reich an Vitamin B und C. Die Getreidesprossen sind einfach zu ziehen.

Wildkräuter

Sie gehören zum Wertvollsten, was uns die Natur bietet. Leider wissen viele Menschen nicht mehr, welche Pflanzen genießbar sind und wie sie in der Küche eingesetzt werden können. Gegenüber ihren kultivierten Vettern enthalten Wildkräuter meist ein Mehrfaches an wertvollen Mineralstoffen und Spurenelementen.
Auch bezüglich Vitaminen übertreffen sie diese oft haushoch. Es lohnt sich also, sich wieder mit dem uralten Wissen vertraut zu machen und diese kostbaren Schätze, die uns die Natur kostenlos zur Verfügung stellt, zu nutzen.

Wirz

Seit alters gilt «Verdza», wie er auf lombardisch heißt, als «Arzt des kleinen Mannes». Kohlgewächse gehören zum gesündesten Gemüse, doch der Wirz läuft den beiden anderen Kopfkohlarten – Weiß- und Rotkohl – deutlich den Rang ab. Wirz/Wirsing enthält besonders viel Chlorophyll und sogar doppelt so viel Eiweiß, Eisen und Fett wie seine Brüder. Auch bei den Vitaminen geizt er nicht: 100 g Wirz decken den täglichen Bedarf einer erwachsenen Person an Vitamin C. Auch die Vitamine A und B sind reichlich vertreten. Kohl hat eine besondere Eigenschaft: Er bindet in den äußeren Blättern Schadstoffe – vor allem Blei. Diese also vor dem Kochen entfernen.

Wirz

Zesten

Schalenstreifchen von Zitrusfrüchten. Nur unbehandelte Früchte verwenden. Die Schalen sind eine feine Würze. Roh verwenden oder in Zuckerwasser ($\frac{1}{4}$ Zucker und $\frac{3}{4}$ Wasser) 2 bis 3 Minuten kócheln.

Zimt

Die Zimtstange war eines der ersten Gewürze, das im 15. und 16. Jhr. von den Entdeckungsreisen mitgebracht wurde. Zimtstangen entstehen aus der langen Außenrinde, die von guter Qualität sein muss. Die Stangen werden von Hand gerollt, jeden Tag aufs Neue, bis die Rinde trocken ist. Das Aroma der getrockneten Zimtrinde ist angenehm süß und leicht holzig.

Zimt

Zitrone

Die gelben Zitrusfrüchte sind richtige Sonnenenergie-Speicher. In Sachen Gesundheit zählen sie zum Besten, was uns die Natur an Früchten zu bieten hat. Wer die tägliche Nahrung regelmäßig mit frisch gepresstem Zitronensaft oder fein geschnittenen Zitronenscheiben anreichert, tut sich viel Gutes. Wichtig: Frisch gepresster Zitronensaft zählt trotz des hohen Säuregehalts zu den besten Basenbildnern. Auch in der indischen Medizin (Ayurveda) gelten die Zitronen seit alters her zu den wertvollen Heilmitteln. Unter anderem werden sie als natürliches Herztonikum und zur Behandlung infektiöser Krankheiten eingesetzt. Überdies wertet frischer Zitronensaft jede Art von Nahrungsmitteln auf: Fügt man den Saft fertigen Speisen und Getränken kurz vor dem Servieren bei, werden sie leichter verdaulich. Wenn das Olivenöl mit wenig Zitronensaft kombiniert wird, schließt die Säure das Öl auf.

Mit einem Morgentrunk aus frisch gepresstem Zitronensaft, Wasser und etwas Honig wird der Organismus bei seiner Entgiftungsarbeit unterstützt. Die gleiche Wirkung entfaltet die Kombination von 1–2 Esslöffeln Olivenöl mit einigen Spritzern Zitronensaft, wenn nüchtern eingenommen.

Zu beachten ist der Unterschied

Zitrone

zwischen frisch gepresstem Saft und Zitronensäure in kristalliner Form: Trotz gegenteiliger Behauptung einiger Ernährungs-Gurus ist die chemisch hergestellte Form nicht zu vergleichen mit dem Naturprodukt, das immer frisch gepresst werden sollte.

Zitronengras (Lemongras)

Bei dieser schönen Pflanze handelt es sich um ein hohes tropisches Gras mit knolliger Wurzel. Der Geschmack und das Aroma erinnern deutlich an Zitrone. Zitronengras bleibt trotz Kochen faserig. In jedem Fall die äußeren harten Schichten entfernen und Halme mehrere Male brechen. Nach dem Garprozess entfernen. In Ringen kann man das Kraut auch einfrieren und direkt aus dem Tiefkühler verwenden.

Zitronengras

Zucchino

Zucchini gehören botanisch gesehen zu den Sommerkürbissen. Wie kaum ein anderes Gemüse ist er Teil der mediterranen Küche. Je jünger, desto feiner schmeckt der Zucchino.

Zwiebel

Sie ist ein Gesundbrunnen ersten Ranges und enthält reichlich Vitamine, Kalium, Kalzium, Phosphor, Eisen, Jod, Selen sowie die scharf riechenden Sulfide, die zur großen Familie der sekundären Pflanzenstoffe gehören. In Laborversuchen an Ratten und Mäusen haben Wissenschaftler festgestellt, dass Zwiebeln auch die Gesundheit der Knochen und deren Wachstum positiv beeinflussen. Der Zwiebel werden noch etliche andere heilende und gesundheitsfördende Wirkungen zugeschrieben: von der Blutreinigung über die Entgiftung des Körpers bis zur Krebsprävention.
Die Zwiebeln wirken antiseptisch, verjagen oder töten Bakterien, Viren und Pilzerkrankungen. Sie helfen beim Aufbau einer gesunden Darmflora. Selbstverständlich sind sie auch ein wirksames Herzmittel. In der Volksmedizin werden sie als wirkungsvolle Arznei gegen hohen Blutdruck und Blutzucker empfohlen. Mit den vielen sekundären Inhaltsstoffen, z. B. den Phenolsäuren, welche das Magenkrebsrisiko deutlich senken, gehört auch dieses Nahrungsmittel zu den Top Ten der natürlichen Antikrebsmittel.

Zwiebel

Zwiebelsprossen

Die Sprossen sind von aromatischem, kräftigem, aber trotzdem mildem Geschmack. Der gesundheitliche Wert ist beachtlich: die Sprossen wirken antibakteriell und stärken damit das Immunsystem. Gleichzeitig reinigen und entschlacken sie den Organismus. Sie unterstützen die Verdauung und verhindern unerwünschte Fäulnisprozesse im Darm.

Anleitung zur Sprossenzucht

Die Handhabung der Sprossenzucht ist bei Befolgung gewisser Regeln sehr einfach.

Glas für die häusliche Sprossenzucht

Das einfachste Gefäß ist ein normales Einmachglas mit Schraubverschluss. Der Deckel kann durch ein giftfreies Gaze-/Mulltüchlein ersetzt werden, oder man bohrt ein paar Löcher in den Deckel. Im Naturkostladen gibt es auch spezielle Sprossengläser. Aus hygienischen Gründen kann nur die dynamische Kultivation (Glas mit Bewegung) empfohlen werden. Die statische Kultivation (mit Schale, Kuchenblech, Tuch, Watte) produziert zu hohe Bakterienwerte.

Die Glasgröße ist abhängig von der Art und der Menge der Sprossen. Ein 1-Liter-Glas eignet sich für Getreide und Hülsenfrüchte, ein 2-Liter-Glas für Zwiebeln-, Fenchel- und Koriandersprossen, ein 3-Liter-Glas für alle Grünblattsprossen wie Alfalfa, Brokkoli, Kohl, Rettich, Sonnenblumenkerne ...

Was eignet sich für die Sprossenzucht?

Nur unbehandelte Samen/Saatgut verwenden. Gartensamen sind häufig chemisch behandelt. Eine große Auswahl guter Samen sind im Reformhaus, im Bioladen sowie in der Drogerie mit Reformabteilung erhältlich.

- Ungeschältes Getreide, das weder chemisch behandelt noch bestrahlt worden ist und Bio-Getreide mit Demeter- oder Knospe-Signet: z. B. Buchweizen, Dinkel, Hirse, Roggen, Weizen, Sprießkornhafer, Sprießkorngerste, Quinua u. a.
- Samen: Alfalfa, Brokkoli, Cima di Rapa, Fenchel, Kohl (Chinakohl, Rotkohl), Kresse, Leinsamen, Rettich, Rucola, Senf, Sesam, Zwiebeln
- Kerne: Erdnüsse, Kürbiskerne, Sonnenblumenkerne
- Hülsenfrüchte (Leguminosen): Bockshornklee, Kichererbsen, Linsen, Mungobohnen u. a.

Sprossen-Tabelle

Produkt	Einweichzeit	Sprießzeit	Spülen
Alfalfa	6–12 h	4–5 Tage	2 x
Bockshornklee**	6–12 h	2–7 Tage	2 x
Brokkoli**	6–12 h	3–4 Tage	2 x
Buchweizen, ungeschält	6 h	5–7 Tage	2 x
Buchweizen, geschält	6–12 h	2 Tage	2 x
Chinakohl**	6–12 h	3–4 Tage	2 x
Cima di Rapa**	12 h	3–4 Tage	2 x
Dinkel	6–12 h	3 Tage	2 x
Erdnuss	12 h	2–4 Tage (21 °C)	–
Fenchel**	3 h	9–12 Tage	ab 4. Tag alle 2 Tage 1 x
Gerste, Sprießkorn-	6 h	3 Tage	2 x
Hafer, Sprießkorn-	2–3 h	2–3 Tage	2 x
Hanf*	6–12 h	2–3 Tage	2 x
Hirse	6–12 h	1–3 Tage	2 x
Kichererbsen	12 h	2–3 Tage	2 x
Koriander*	3 h	9–12 Tage	ab 4. Tag alle 2 Tage 1 x
Kresse*	12 h	4–5 Tage	2 x

Produkt	Einweichzeit	Sprießzeit	Spülen
Kümmel*	3 h	9–12 Tage	ab 4. Tag alle 2 Tage 1 x
Kürbiskerne	6–12 h	2 Tage	2 x
Leinsamen*	6 h	1–2 Tage	1 x
Linsen braun, groß	12 h	2–3 Tage	2 x
Linsen grün, klein	12 h	2–3 Tage	2 x
Mungobohnen (in warmes Wasser einlegen)	12–24 h	4 Tage	1–2 x
Rettich**	6–12 h	3–5 Tage	2 x
Roggen	6–12 h	2–3 Tage	2 x
Rucola*	6–12 h	4–5 Tage	ab 4. Tag täglich 2 x
Senf*	–	4–5 Tage	2 x
Sesam, ungeschält	3–6 h	1–2 Tage	2–3 x
Sonnenblumenkerne, geschält	6–12 h	1–2 Tage	2 x
Sonnenblumenkerne, ganz	6–12 h	7–9 Tage	2 x
Weizen	6–12 h	2–3 Tage	2 x
Zwiebeln	3 h	9–12 Tage	alle 2 Tage 1 x

* Für gute Sprießresultate mit Alfalfa mischen; Verhältnis 1:9, also 10 % Senfsamen und 90 % Alfalfasamen.

** Können mit Alfalfa oder untereinander gemischt werden.

Spülen: Im Sommer dreimal spülen, also auch mittags.

Anleitung

1. Tag – abends

1 bis 2 gestrichene Esslöffel Alfalfasamen in etwa ½ Liter Wasser eine Nacht (siehe auch Sprossen-Tabelle: Einweichzeit) bei Raumtemperatur im Sprossenglas einweichen.

2. Tag – morgens

Einweichwasser abgießen; als Gießwasser für Zimmerpflanzen verwenden. Von manchen Samen/Kernen darf das Einweichwasser getrunken werden, z. B. von Alfalfa, Sonnenblumen oder Bockshornklee. Samen durch den Deckel/Gaze-/Mulltüchlein unter fließendem handwarmem Wasser gut spülen. Das Glas schräg, mit der Öffnung nach unten stellen, damit das Restwasser abfließen und Sauerstoff einströmen kann.

Spülen bis zur Ernte

Täglich morgens und abends, im Sommer auch mittags spülen.

Raumtemperatur

Für die Sprossenzucht braucht es eine Raumtemperatur von etwa 20 °C.

Grünung der Blättersprossen (Chlorophyllbildung)

Für Alfalfa und Mischungen mit Alfalfa sowie Rettich und Kohl gelten: Sobald sich die Samenhülsen lösen, das Sprossenglas zur Grünbildung der Blättchen ins Licht stellen (Fensternähe oder direktes Sonnenlicht).

Enthülsungsbad für Blättersprossen

Das Entfernen der Hülsen verlängert die Haltbarkeit der Sprossen und verfeinert den Geschmack. Die Sprossen in einer großen Schüssel in handwarmem Wasser baden. Schwimmende Samenhülsen entfernen. Sprossen zum Abtropfen in ein Sieb geben, etwa 2 Stunden mit einem Tuch bedeckt trocknen lassen.

Sprossen aufbewahren

Genussreife/essfertige, getrocknete Sprossen können in Frischhaltedosen oder Plastikbeuteln mit Löchern ohne weiteres eine Woche, teilweise sogar auch länger, im Kühlschrank aufbewahrt werden. Vor Gebrauch unter fließendem kaltem Wasser nochmals gut abspülen. Auf Fäulnis und Schimmel überprüfen.

Was wurde falsch gemacht?

Wenn das Saatgut schlecht sprießt, kann das viele Gründe haben:

- Das Saatgut ist behandelt worden (bestrahlt, chemisch behandelt).
- Das Saatgut ist zu alt.
- Das Saatgut ist beschädigt (Sprießgetreide).
- Im Sprossenglas war es zu trocken oder zu feucht.
- Die Samen können nicht sprießen, weil die Temperatur zu niedrig ist (ideal sind 20 °C).
- Die Samen faulen, weil sie zu nass sind oder die Belüftung schlecht ist.
- Das Saatgut wurde zu lange eingeweicht.
- Im Sprossenglas hat es zu viel Saatgut, die Luftzirkulation ist dadurch ungenügend.
- Die Sprossen schimmeln; das Glas muss besser gereinigt und die Sprossen regelmäßig gespült werden.

Anleitung zur Sprossenzucht

Antipasti – Aperitif

Marinierte Auberginen

300 g Auberginen

½–1 dl/50–100 ml Olivenöl zum Braten
5 EL kalte Tomatensauce
1–2 EL Balsamico
frisch gemahlener Pfeffer
1 EL Grana Padana oder anderer Hartkäse, fein gerieben
1 Bund Basilikum, Blätter abgezupft, in Streifen

1. Auberginen beidseitig kappen, in 5 mm dicke Scheiben schneiden, auf beiden Seiten salzen. Scheiben auf ein Küchentuch legen, 1 Stunde oder auch länger ruhen lassen, gut ausdrücken.
2. Auberginenscheiben im heißen Olivenöl beidseitig goldgelb braten, auf einem mit Küchenpapier belegten Gitter abtropfen lassen.
3. Tomatensauce auf einer Glasplatte dünn verstreichen, Auberginenscheiben fächerartig darauf legen, mit Balsamico und Pfeffer marinieren, Käse und Basilikum darüber streuen.

Zucchino-Carpaccio

200 g Zucchini
2 EL geriebener Parmesan oder Sbrinz
½ Bund Basilikum, Blättchen abgezupft, in Streifen
2 EL Pinienkerne
einige Cherrytomaten, in Scheiben

Marinade
1 EL Sojasauce
1 EL Honig- oder Apfelessig
1 EL weißer Balsamico
1 Msp Senf
4 EL Olivenöl extra nativ
1 Msp abgeriebene Schale einer unbehandelten Zitrone

1. Zucchini beidseitig kappen, auf dem Gemüsehobel in sehr feine Scheiben hobeln.
2. Zucchinischeiben fächerförmig auf einer Platte anrichten, mit der Sauce beträufeln, Käse, Basilikum und Pinienkerne darüber streuen, garnieren mit den Cherrytomatenscheiben.

Pikant gefüllte Früchte und Tomaten

10 große getrocknete Datteln
4–6 blaue Traubenbeeren, halbiert
einige halbierte Cherrytomaten
1 EL Kürbiskerne oder Pistazien, gehackt

Basilikumspitzen für die Garnitur

Füllung

80 g Frischkäse
1 EL Vollmilch- oder Rahm-/Sahnequark
frisch gemahlener Pfeffer
½ Zitrone, Saft
1 Knoblauchzehe, durchgepresst
2 Basilikumzweiglein, Blättchen abgezupft,
in feinen Streifen
1 EL fein gehackte Petersilie
1 TL fein gehackter Kerbel
einige eingelegte grüne Pfefferkörner, fein gehackt

1 Datteln halbieren und entsteinen.
2 Alle Zutaten für die Frischkäsefüllung mit dem Stabmixer oder Schneebesen verrühren. Mit Salz abschmecken.
3 Die Frischkäsefüllung in einen Spritzbeutel mit kleiner gezackter Tülle füllen, auf Datteln, Trauben und Tomaten spritzen. Mit Kürbiskernen garnieren.

Vierfarbige Frischkäse-Truffes

für ca. 20 Truffes

200 g Ziegen- oder Kuhmilchfrischkäse
100 g Baumnuss-/Walnusskerne
1–2 EL Olivenöl extra nativ
Kräutersalz
frisch gemahlener Pfeffer
Paprikapulver
Currymischung
fein geschnittener Bärlauch oder Basilikum
fein geschnittene Rosenblütenblätter von ungespritzten Rosen

1 Frischkäse, Nüsse und Olivenöl mixen/cuttern, mit Kräutersalz und Pfeffer abschmecken.
2 Frischkäse mit einem kleinen Eisportionierer portionieren, in den Gewürzen, Kräutern oder Blüten wenden, gleichzeitig nachformen.

Avocado-Kaltschale

1 TL Butter
25 g Schalotten oder Zwiebeln, fein gehackt
1 reife Avocado
¾ dl/75 ml Rahm/Sahne
2½ dl/250 ml Gemüsebrühe
1 EL fein gehackte Petersilie, Salz, Pfeffer

wenig Schlagrahm/-sahne
fein geschnittener Schnittlauch für die Garnitur
1 EL Mandelblättchen, leicht geröstet

1 Schalotten in der Butter dünsten.
2 Avocado halbieren und entsteinen, das Fleisch mit einem Esslöffel herauslösen.
3 Schalotten, Avocadofleisch, Rahm, Gemüsebrühe und Petersilie pürieren, mit Salz und Pfeffer würzen, Schlagrahm unterziehen, anrichten, mit Schnittlauch und Mandelblättchen garnieren.

Tramezzini

mit Artischocken-Dörrtomaten-Creme

4 Scheiben Toastbrot oder
8 dünne Baguettescheiben

6 eingelegte Artischockenherzen
1–2 Knoblauchzehen
8 in Öl eingelegte Dörrtomaten
Thymian, Petersilie oder Basilikum
4–6 EL Olivenöl extra nativ

1 Backofen auf 250 °C vorheizen.
2 Artischocken, Knoblauchzehen, Dörrtomaten und Kräuter von Hand oder im Cutter fein hacken. Olivenöl unterrühren.
3 Brotscheiben diagonal halbieren, auf ein Backblech legen. Im vorgeheizten Ofen bei 250 °C hellbraun rösten.
4 Tramezzini mit der Artischocken-Dörrtomaten-Creme bestreichen.

Avocado mit Quinuafüllung

2 kleine, reife Avocados

50 g Quinua
1 dl/100 ml Gemüsebrühe
2–3 EL Apfelessig
2–3 EL Olivenöl extra nativ
1 TL Sojasauce
Kräutersalz
Kurkuma für die Farbe
1 Prise Ingwerpulver

½ Zwiebel, fein gehackt
100 g Freilandgurke
½ Apfel
1–2 EL Sauerrahm/saure Sahne
½ unbehandelte Zitrone,
abgeriebene Schale und Saft

½ Bund frischer Dill
Blattsalat für die Garnitur

1 Quinua mit der Gemüsebrühe aufkochen, 5 Minuten köcheln, auf der ausgeschalteten Wärmequelle 20 Minuten ausquellen lassen. Quinua mit Essig, Öl, Sojasauce, Kräutersalz, Kurkuma und Ingwer marinieren.

2 Gurke schälen, eventuell entkernen, in Würfelchen schneiden. Apfel schälen, entkernen und in Würfelchen schneiden.

3 Zwiebeln, Gurken, Sauerrahm und Äpfel mit dem Quinua mischen, abschmecken mit Zitronensaft und Zitronenschale.

4 Avocado schälen, halbieren und entsteinen, mit dem Quinua füllen, mit Dill und Blattsalat garnieren.

Tipp

Die Avocadohälften können auch in Schnitze/Spalten geschnitten und fächerartig angerichtet werden. Quinua klößchenweise dazu anrichten.

Karottendrink moité-moitié

für 4–6 Gläser

3½ dl/350 ml Karottensaft
3½ dl/350 ml Apfelsaft
1 Zitrone, Saft
2–3 EL Akazienblütenhonig
3 dl/300 ml kohlensäurehaltiges Mineralwasser

Karotten-Orangen-Drink

für 2–3 Gläser

4 dl/400 ml Karottensaft
2 Blutorangen, Saft
2 EL Zitronensaft
1 dl/100 ml weißer Martini

weißer Zucker

Alle Zutaten, ohne Mineralwasser, gut mixen. Mineralwasser unterrühren.

Tipp

Nach Belieben einen Eiswürfel in jedes Glas geben.

Abbildung links

1 Alle Zutaten mixen.
2 Wenig Zucker auf einen Teller geben. Den Rand der Gläser mit Wasser oder Orangensaft befeuchten, im Zucker drehen.
3 Den Drink vorsichtig in die Gläser füllen, damit der Zuckerrand unversehrt bleibt.

Abbildung rechts

Ciabatti mit Frischkäse-Zucchini-Tzatziki

2–4 Ciabatti, je nach Größe, Rezept Seite 231,
oder Baguettescheiben

Sprossen
feine Zucchinischeiben
frisch gemahlener Pfeffer

Frischkäseaufstrich

150 g Ziegenfrischkäse oder Gervais oder Quark
150 g junge Zucchini
1 Knoblauchzehe, fein gehackt
glattblättrige Petersilie oder Basilikum
1–2 EL Olivenöl extra nativ
1 unbehandelte Zitrone, wenig abgeriebene Schale
Kräutersalz, frisch gemahlener Pfeffer

1 Zucchini beidseitig kappen, auf der Bircherreibe fein reiben. Petersilie von den Stielen zupfen, hacken. Basilikumblätter von den Stielen zupfen und in feine Streifen schneiden.
2 Frischkäse, geriebene Zucchini, Knoblauch, Petersilie, Olivenöl und Zitronenschalen verrühren, mit Salz und Pfeffer abschmecken.
3 Ciabatti quer halbieren, Frischkäse-Zucchini-Tzatziki darauf verstreichen, garnieren mit Sprossen, Zucchinischeiben oder Portulak.

Pumpernickel mit Avocado-Frischkäse-Aufstrich

8 Scheiben Pumpernickel

1 reife Avocado
1 TL Zitronensaft
100 g Magerquark oder Ziegen-/Kuhmilchfrischkäse
2–3 EL fein gehackte Kräuter, z. B. Petersilie, Basilikum, Rucola

Salz
frisch gemahlener Pfeffer
Kräuter für die Garnitur
Radieschen für die Garnitur
einige Baumnuss-/Walnusskerne für die Garnitur, nach Belieben

1 Avocado halbieren und entsteinen, das Fruchtfleisch aus der Schale lösen, mit Zitronensaft und Quark pürieren, gehackte Kräuter unterrühren, mit Salz und Pfeffer abschmecken.
2 Die Pumpernickelscheiben rund ausstechen, mit der Avocadocreme bestreichen. Die Scheiben nach Belieben aufeinander legen. Mit Kräutern, Radieschen und Nüssen garnieren.

Brötchen mit Frischkäse und rohem Gemüse

4 Nuss-Thymian-Brötchen, Seite 233

150 g gemischtes Gemüse, z. B. kleine Essiggurken, Frühlingszwiebeln, Kohlrabi, Karotte, grüner Peperoni/Paprikaschote, Fenchel
100 g Schafmilchfrischkäse
100 g Vollmilch- oder Rahm-/Sahnequark
1 EL Olivenöl extra nativ

2 EL gehackte glattblättrige Petersilie
2–4 Kapern, gehackt
Kräutersalz
frisch gemahlener Pfeffer

Portulak oder Rettichsprossen für die Garnitur

1 Gemüse putzen/schälen. Am besten im Cutter fein hacken oder auf der Bircherreibe fein reiben oder von Hand fein hacken.
2 Gemüse, Frischkäse, Quark, Olivenöl, Petersilie und Kapern vermengen, mit Salz und Pfeffer abschmecken.
3 Brötchen quer halbieren, mit der Gemüsemasse bestreichen. Mit Portulak oder Rettichsprossen garnieren.

Sandwich mit Grillgemüse und Pecorino

2 große Ciabatti, Seite 231, oder 4 Brötchen, Seite 233

1 mittelgroße Aubergine
1 mittelgroßer Zucchino
6 Cherrytomaten
1 kleine Zwiebel, in feinen Ringen
frisch gemahlener Pfeffer
Salz
1 Stück Pecorino, gehobelt
Basilikum
Olivenöl extra nativ

1 Aubergine beidseitig kappen, in Längsrichtung in etwa 5 mm dicke Scheiben schneiden. Zucchino beidseitig kappen, auf dem Gemüsehobel in längliche Streifen hobeln oder schneiden.
2 Backofen auf 200 °C vorheizen.
3 Gemüse in einer Grillpfanne langsam grillen oder in einer beschichteten Bratpfanne in wenig Olivenöl braten. Cherrytomaten die letzten 5 Minuten mitbraten.
4 Ciabatti/Brötchen im Backofen bei 200 °C erwärmen, quer halbieren, mit dem Grillgemüse belegen, mit Salz und Pfeffer würzen. Pecorino darüber verteilen. Mit ganzen Basilikumblättchen garnieren und mit Olivenöl beträufeln.

Variante

zusätzlich Kapern und Oliven

Bruschetta

mit gebackenen Tomaten

1 große Baguette

Olivenöl extra nativ

4–6 Fleischtomaten oder gleiche Menge Cherrytomaten
2–3 Knoblauchzehen, fein gehackt
Basilikumblätter, fein geschnitten
Salz
frisch gemahlener Pfeffer

1. Backofen auf 230 °C vorheizen.
2. Bei den Fleischtomaten den Stielansatz kreisförmig herausschneiden, Tomaten halbieren, mit Schnittfläche oben auf ein Backblech legen, in der Mitte in den vorgeheizten Ofen schieben, backen, bis die Tomaten weich sind. Cherrytomaten ganz lassen, backen, bis sie aufspringen, etwa 10 Minuten.
3. Baguette in etwa 10 cm lange Stücke schneiden und längs halbieren. Auf ein Backblech legen. Im Ofen bei 250 °C hellbraun rösten.
4. Geröstete Baguette mit ein wenig Olivenöl beträufeln, Tomaten darauf verteilen, mit Knoblauch und Basilikum bestreuen, mit Salz und Pfeffer abrunden.

Crostini

mit Bohnenpüree und Rucola

1 dunkle Baguette oder
6 Scheiben Ruch-/Schwarzbrot

125 g (½ Dose) gekochte weiße Bohnen
3 EL Olivenöl extra nativ
2 EL grob gehackte glattblättrige Petersilie
½ Zitrone, Saft
1 Knoblauchzehe
Salz
frisch gemahlener Pfeffer

1. Backofen auf 250 °C vorheizen.
2. Weiße Bohnen, Olivenöl, Petersilie, Zitronensaft und Knoblauchzehe nicht zu fein pürieren, würzen mit Salz und Pfeffer.
3. Baguette schräg in 6 Scheiben schneiden. Auf ein Backblech legen und im vorgeheizten Ofen bei 250 °C leicht rösten.
4. Bohnenpüree auf die Crostini verteilen. Nach Belieben mit Kräutern garnieren.

Varianten

Das Bohnenpüree als Dipp zu Rohkoststängeln servieren (in diesem Fall feiner pürieren). Weiße Bohnen durch Kichererbsen ersetzen.

Suppen

Karotten-Orangen-Cremesuppe

1 EL Butter
1 Schalotte, fein gehackt
400 g Karotten
2 unbehandelte Orangen
½ l Gemüsebrühe
2 EL Rahm/Sahne
Salz, frisch gemahlener Pfeffer, Cayennepfeffer
1 EL Grand Marnier
1 TL Cognac
2 EL Schlagrahm/-sahne oder
Crème fraîche
Zwiebelsprossen für die Garnitur

1 Schale einer Orange dünn abschälen, in Streifchen schneiden, im kochenden Wasser blanchieren, abgießen. Orangen auspressen. Karotten schälen, zerkleinern.
2 Schalotten in der Butter andünsten, Karotten und Orangenschalen kurz mitdünsten, mit der Gemüsebrühe ablöschen, aufkochen, bei schwacher Hitze köcheln, bis die Karotten weich sind. Pürieren.
3 Karottenpüree, Orangensaft und Rahm aufkochen, würzen. Je nach Konsistenz mit Hühnerbrühe verdünnen. Mit Grand Marnier und Cognac verfeinern.
4 Karotten-Orangen-Cremesuppe anrichten, mit Schlagrahm und Zwiebelsprossen garnieren.

Karottencremesuppe

2 EL Olivenöl extra nativ
1 kleine Zwiebel, fein gehackt
300 g Karotten
1 mittelgroße mehlig kochende Kartoffel
6 dl/600 ml Gemüsebrühe
1 dl/100 ml Rahm/Sahne
1 TL abgeriebene Schale
einer unbehandelten Zitrone
Salz
frisch gemahlener Pfeffer

1 Karotten und Kartoffel schälen, in Würfelchen schneiden.
2 Zwiebeln und Karotten im Öl andünsten, Kartoffeln und Gemüsebrühe zugeben, aufkochen, köcheln, bis das Gemüse weich ist, pürieren.
3 Suppe mit dem Rahm aufkochen, je nach Konsistenz mit Gemüsebrühe verdünnen, würzen.

Variante

Während der Herbst- und Wintermonate die Karotten mit gelben und weißen Rüben mischen. Das Aroma wird so viel intensiver.

Mexikanische Maissuppe

2 EL Maiskeimöl oder Olivenöl extra nativ
1 kleine Zwiebel, fein gehackt
1 Knoblauchzehe, durchgepresst
1 grüner Peperoni/Gemüsepaprika
2 Maiskolben oder
250 g Maiskörner aus dem Glas
8 dl/800 ml Gemüsebrühe
100 g Crème fraîche
½ Bund Koriander oder glattblättrige Petersilie,
Blätter von den Stielen gezupft und gehackt
Kräutersalz

1 Den Peperoni halbieren oder vierteln, den Stielansatz und die Kerne entfernen, die Hälften/Viertel quer in feine Streifen schneiden.
2 Die Hüllblätter und die Barthaare der Maiskolben entfernen, die Maiskörner mit einem scharfen Messer vom Kolben schneiden.
3 Zwiebeln im Öl andünsten, Knoblauch, Maiskörner und Peperoni mitdünsten, mit der Gemüsebrühe ablöschen, aufkochen, Suppe bei schwacher Hitze 20 Minuten köcheln. Crème fraîche und Kräuter unterrühren, abschmecken mit Kräutersalz.

Tipp

Die Suppe wird sämiger, wenn man 1–2 EL Maisgrieß mitkocht.

Schnelle Mais-Lauch-Suppe

1 EL Olivenöl extra nativ
150 g Lauch
1 TL mittelscharfe Currymischung
100 g feiner Maisgrieß
1,2 l Gemüsebrühe
Kräutersalz
frisch gemahlener Pfeffer
½ dl/50 ml Rahm/Sahne
fein gehackte Petersilie

1. Grobfasrige Teile beim Lauch entfernen, Stangen längs halbieren und quer in Streifchen schneiden.
2. Lauch im Öl andünsten (4 EL für die Garnitur beiseite stellen), mit Curry bestäuben, Maisgrieß zugeben, mit der Gemüsebrühe ablöschen, aufkochen, Suppe bei schwacher etwa Hitze 20 Minuten köcheln. Würzen mit Kräutersalz und Pfeffer. Rahm unterrühren. Mit Lauch und Petersilie garnieren.

Kürbiscremesuppe

2 EL Olivenöl extra nativ
1 kleine Zwiebel, fein gehackt
500 g geschälter, entkernter Kürbis, mehlige Sorte
je 50 g Karotten und Knollensellerie
½ dl/50 ml Weißwein
ca. 1 l Gemüsebrühe
½ dl/50 ml Rahm/Sahne
Salz
Cayennepfeffer
wenig Sauerrahm/saure Sahne

1. Kürbis in kleine Würfel schneiden. Karotten und Sellerie schälen und in kleine Würfel schneiden.
2. Zwiebeln im Olivenöl andünsten, Kürbis, Karotten und Sellerie mitdünsten, Weißwein zugeben, einköcheln lassen, Gemüsebrühe zugeben, aufkochen, kochen bis das Gemüse weich ist. Pürieren.
3. Kürbissuppe mit dem Rahm aufkochen, mit Salz und Cayennepfeffer würzen. Anrichten. Einen Löffel Sauerrahm auf jede Suppe geben, mit einer Gabel großzügige Kreise ziehen.

Garnitur

Suppe mit gerösteten Sonnenblumen-, Kürbis- oder Pinienkernen garnieren.

Bärlauchcremesuppe mit verlorenem Ei

1 EL Olivenöl extra nativ
1 kleine Zwiebel, fein gehackt
wenig Knollensellerie, 1 kleine Karotte
100 g junge Bärlauchblätter
1 große mehlig kochende Kartoffel
8 dl/800 ml Gemüsebrühe
Salz, frisch gemahlener Pfeffer

Olivenöl extra nativ zum Beträufeln

Einlage
4 sehr frische Freilandeier
2 l Wasser
1 dl/100 ml Weißweinessig

1 Bärlauch in Streifen schneiden. Sellerie, Karotte und Kartoffel schälen und in Würfelchen schneiden.
2 Zwiebeln, Sellerie und Karotten im Olivenöl andünsten, Bärlauch kurz mitdünsten, Kartoffeln und Gemüsebrühe zugeben, aufkochen, bei schwacher Hitze kochen, bis das Gemüse weich ist. Suppe pürieren.
3 Für die Eier Wasser mit Weißweinessig aufkochen, Eier aufschlagen, vorsichtig einzeln in das Kochwasser gleiten lassen, 3 bis 4 Minuten bei schwacher Hitze pochieren, mit dem Schaumlöffel herausnehmen.
4 Bärlauchcremesuppe aufkochen, mit Salz und Pfeffer abschmecken. Anrichten. Pochiertes Ei in die Mitte setzen, mit ein paar Tropfen Olivenöl garnieren.

Linsenschaumsuppe mit Alfalfasprossen

1 EL Olivenöl extra nativ
1 kleine Zwiebel, fein gehackt
1 Karotte, geschält, klein gewürfelt
150 g rote Linsen
getrockneter Thymian, Ingwerpulver
je 1 Msp Kurkuma und Currymischung, Muskatnuss
8 dl/800 ml Gemüsebrühe
1 dl/100 ml Rahm/Sahne
Kräutersalz, frisch gemahlener Pfeffer
Alfalfa- oder Linsensprossen für die Garnitur

1. Zwiebeln und Karotten im Olivenöl andünsten, Linsen und Gewürze mitdünsten, mit der Gemüsebrühe ablöschen, aufkochen, Suppe bei schwacher Hitze 15 bis 20 Minuten köcheln, bis die Linsen weich sind.
2. Der Suppe 4 EL Linsen für die Garnitur entnehmen.
3. Linsensuppe pürieren, nochmals aufkochen, mit Rahm verfeinern. Abschmecken.
4. Linsenschaumsuppe anrichten, garnieren mit Linsen und Sprossen.

Zwiebelsuppe

für 4 Personen als Vorspeise
für 2 Personen als Mahlzeit

2–3 EL Olivenöl extra nativ
3 große Zwiebeln, in Scheiben
1 Knoblauchzehe, gehackt
200 g Gemüse, z. B. Lauch, Karotten, Knollensellerie
1 dl/100 ml Weißwein
1 l Gemüsebrühe
3 dl/300 ml Milch
2 dl/200 ml Rahm/Sahne, steif geschlagen
1 EL geriebener Käse
Salz, frisch gemahlener Pfeffer

Einlage

1–2 EL Butter
1 große Zwiebel

1. Grobfasrige Teile beim Lauch entfernen, Stange in Streifen schneiden. Karotten und Sellerie schälen und klein würfeln.
2. Zwiebeln, Knoblauch, Lauch, Karotten und Sellerie im Olivenöl andünsten, Weißwein, Gemüsebrühe und Milch zugeben, aufkochen, Zwiebelsuppe bei schwacher Hitze 20 bis 30 Minuten köcheln. Pürieren, durch ein Sieb streichen.
3. Für die Garnitur die Zwiebel schälen und in feine Scheiben schneiden. Butter in der Bratpfanne zerlassen, Zwiebeln goldbraun braten, auf Küchenpapier entfetten.
4. Die Zwiebelcremesuppe aufkochen, steif geschlagenen Rahm und Käse unterziehen, mit Salz und Pfeffer abschmecken. In Tassen oder Tellern anrichten, mit gebratenen Zwiebelringen garnieren.

Rustikale Gemüsesuppe

für 4 Personen als Vorspeise
für 2 Personen als Mahlzeit

600 g gemischtes Gemüse, z. B. Knollensellerie, Pastinaken, Karotten, Kürbis, Kohlrabi usw.
6 dl/600 ml Gemüsebrühe
2 EL Olivenöl extra nativ
Salz
frisch gemahlener Pfeffer
1–2 EL gehackte Petersilie

1. Gemüse schälen, von Hand in kleine Würfel schneiden, im Cutter hacken oder auf der Röstiraffel reiben.
2. Gemüse und Gemüsebrühe aufkochen, bei schwacher Hitze köcheln, bis das Gemüse weich ist, abschmecken mit Olivenöl, Salz und Pfeffer, Petersilie unterrühren.

Buchweizensuppe

80 g Buchweizen
1 kleine Zwiebel, fein gehackt
1 kleiner Lauch, in feinen Ringen
7 dl/700 ml Gemüsebrühe
1 kleiner saurer Apfel
2 dl/200 ml Rahm/Sahne
Salz, frisch gemahlener Pfeffer

1. Buchweizen, Zwiebeln und Lauch mit der Gemüsebrühe aufkochen, bei schwacher Hitze 10 Minuten köcheln.
2. Apfel schälen, entkernen und klein schneiden, zur Suppe geben, die Hälfte Rahm zugeben, 10 Minuten köcheln. Grob pürieren.
3. Restlichen Rahm steif schlagen.
4. Buchweizensuppe erhitzen, abschmecken mit Salz und Pfeffer, steif geschlagenen Rahm unterziehen. Sofort servieren.

Zucchinicremesuppe mit Sprossen

2 EL Olivenöl extra nativ
1 kleine Zwiebel, fein gehackt
2 Knoblauchzehen, fein gehackt
800 g Zucchini
$^{3}/_{4}$ l Gemüsebrühe
1 TL Pfeilwurzelmehl

Salz
frisch gemahlener Pfeffer
1 Eigelb von einem Freilandei
1 dl/100 ml Rahm/Sahne

Alfalfa- und Zwiebelsprossen

1 Zucchini beidseitig kappen, in Würfelchen schneiden.
2 Zwiebeln und Knoblauch im Olivenöl andünsten, Zucchini mitdünsten, mit der Gemüsebrühe ablöschen, Suppe bei schwacher Hitze köcheln, bis die Zucchini weich sind. Pürieren.
3 Zucchinisuppe aufkochen, das mit ein wenig Wasser angerührte Pfeilwurzelmehl unterrühren, kurz köcheln, mit Salz und Pfeffer abschmecken. Zucchinicremesuppe erkalten lassen.
4 Das Eigelb unter die Cremesuppe rühren, anrichten. Mit Schlagrahm und Sprossen garnieren.

Curry-Grünkernsuppe

für 4 Personen als Vorspeise
für 2 Personen als Mahlzeit

1 TL Butter oder Bratbutter/Butterschmalz
120 g Grünkern, mittelfein geschrotet
milde oder scharfe Currymischung
edelsüßes Paprikapulver
1 Prise Ingwer
8 dl/800 ml Gemüsebrühe
100 g Lauch
50 g Karotten
Kräutersalz, frisch gemahlener Pfeffer
frische Kräuter, z. B. Liebstöckel, Petersilie, grob gehackt

1. Grobfasrige Blätter beim Lauch entfernen, längs halbieren und in feine Streifen schneiden. Karotten schälen und in kleine Würfel schneiden.
2. Grünkernschrot in der Butter andünsten, Gewürze kurz mitdünsten, mit der Gemüsebrühe ablöschen, aufkochen, Gemüse beigeben, bei schwacher Hitze 10 Minuten köcheln, mit Kräutersalz, Pfeffer sowie grob gehackten Kräutern abschmecken.

Krautsuppe mit Trauben

2 EL Butter
2 EL Mehl
½ l Gemüsebrühe
1 dl/100 ml Weißwein
2 dl/200 ml Rahm/Sahne
150 g mildes Sauerkraut
Salz
frisch gemahlener Pfeffer
wenig zerstoßener getrockneter Peperoncino oder Cayennepfeffer
250 g blaue Weintraubenbeeren
frische oder getrocknete Thymianblättchen

1. Mehl in der Butter andünsten, unter Rühren Gemüsebrühe, Weißwein und Rahm zugeben, Sauerkraut unterrühren, aufkochen, Suppe mit Salz, Pfeffer und Peperoncino abschmecken, bei schwacher Hitze 30 Minuten köcheln.
2. Traubenbeeren halbieren und entkernen, zur Suppe geben, bei schwacher Hitze 5 Minuten köcheln. Je nach Konsistenz mit Gemüsebrühe verdünnen. Anrichten. Mit dem Thymian bestreuen.

Karotten-Quitten-Süppchen mit Ingwer

1 Schalotte oder
1 kleine Zwiebel, fein gehackt
4–5 mittelgroße Champignons
150 g Karotten
1–2 Quitten (100 g Fruchtfleisch)
1 TL Bratbutter/Butterschmalz
2 EL Ingwerwürfelchen (Brunoise)
3 dl/300 ml Karottensaft
6 dl/600 ml Gemüsebrühe
2 dl/200 ml Rahm/Sahne
Kräutersalz
frisch gemahlener Pfeffer
2 EL Schlagrahm/-sahne

Suppeneinlage

200 g Quitten
1 dl/100 ml Süßmost naturtrüb oder Apfelsaft
1 dl/100 ml Karottensaft

1 Für die Suppeneinlage Quitten mit einem trockenen Tuch abreiben, Früchte waschen, schälen, vierteln und entkernen, Viertel in Schnitze schneiden. Im Apfel-Karotten-Saft weich garen.
2 Champignons in Scheiben schneiden. Karotten schälen und ebenfalls in feine Scheiben schneiden. Quitten mit einem trockenen Tuch abreiben, waschen, schälen, vierteln, entkernen, Viertel in Schnitze schneiden.
3 Schalotten, Champignons, Karotten und Quitten in der Bratbutter andünsten, Ingwerwürfelchen unterrühren, Karottensaft und Gemüsebrühe zugeben, aufkochen, Gemüse und Früchte bei schwacher Hitze weich garen. Pürieren.
4 Die Suppe mit dem Rahm aufkochen, abschmecken. Schlagrahm unterziehen.
5 Quittenstückchen auf die Suppenteller verteilen, Suppe dazugeben, mit fein geschnittenem Kerbel garnieren.

Suppeneintopf mit Kohl und Rüben

für 4 Personen als Vorspeise
für 2 Personen als Mahlzeit

- 100 g getrocknete rote Bohnenkerne (Indianderbohnen)
- 150 g Dinkelkörner
- 2–3 EL Olivenöl extra nativ
- 1 große Zwiebel
- 2 Knoblauchzehen
- 200 g Weißkabis/-kohl
- 200 g Karotten
- 1 TL Rosenpaprikapulver
- 1 TL Senf
- einige Kümmelsamen
- 1½ l Gemüsebrühe
- 150 g rohes Sauerkraut
- 1 EL Majoranblättchen
- Kräutersalz, frisch gemahlener Pfeffer

1. Dinkel und Bohnen über Nacht getrennt in kaltem Wasser einweichen. Das Einweichwasser am nächsten Tag weggießen.
2. Rote Bohnen in viel frischem Wasser aufkochen, bei schwacher Hitze etwa 45 Minuten köcheln, bis die Kerne weich sind. Oder Bohnen nach Anleitung des Topfherstellers im Dampfkochtopf garen.
3. Zwiebel und Knoblauchzehen schälen, fein hacken. Kabis in feine Streifen schneiden. Karotten schälen, in kleine Würfel schneiden.
4. Zwiebeln, Knoblauch und Kabis im Olivenöl andünsten, Dinkel beifügen, Rosenpaprika, Senf und Kümmel unterrühren, Gemüsebrühe zugeben, aufkochen und bei schwacher Hitze etwa 20 Minuten köcheln, Karotten und Sauerkraut unterrühren, Eintopf 20 bis 30 Minuten köcheln, bis der Dinkel weich und ein bisschen aufgequollen ist. Zum Schluss Bohnen und Majoran unterrühren. Abschmecken.

Maiscremesuppe

für 2 Personen als Mahlzeit
für 4 Personen als Vorspeise

1–2 EL Olivenöl extra nativ
1 kleine Zwiebel, fein gehackt
2–3 Zuckermaiskolben (300 g Maiskörner) oder
300 g Maiskörner aus der Dose oder aus dem Glas
1 Prise Currymischung
1 dl/100 ml Weißwein
½ l Gemüsebrühe
frischer oder getrockneter Thymian
frisch gemahlener weißer Pfeffer
2 TL Crème fraîche
grob geschnittener Schnittlauch

1 Bei den Maiskolben Hüllblätter und Barthaare entfernen, Körner mit einem scharfen Messer von den Kolben schneiden.
2 Zwiebeln und Maiskörner im Olivenöl andünsten, Curry, Weißwein, Gemüsebrühe und Kräuter zufügen, aufkochen, bei schwacher Hitze etwa 15 Minuten kochen, bis die Maiskörner weich sind. Maissuppe pürieren und durch ein Sieb streichen.
3 Maiscremesuppe aufkochen, mit Pfeffer abschmecken. Anrichten. Mit Crème fraîche und Schnittlauch garnieren.

Griechische Bohnensuppe

für 4 Personen als Mahlzeit

4 EL Olivenöl extra nativ
1 mittelgroße Zwiebel
3 große Karotten
2 Lorbeerblätter
300 g große weiße Bohnen (Saubohnen)
ca. 2 l Gemüsebrühe
6 Tomaten
Kräutersalz
frisch gemahlener Pfeffer

4 EL grob geschnittene glattblättrige Petersilie
Olivenöl extra nativ zum Beträufeln

geriebener Käse nach Belieben

1 Bohnen über Nacht in reichlich Wasser einweichen, Wasser am nächsten Tag weggießen.
2 Zwiebel fein hacken. Karotten schälen, in 5 mm große Würfel schneiden. Tomaten schälen (Seite 79), Stielansatz kreisförmig herausschneiden, in Würfel schneiden.
3 Zwiebeln und Karotten im Olivenöl andünsten, Lorbeerblätter, Bohnen und Gemüsebrühe zugeben, eine Stunde oder länger köcheln, bis die Bohnen weich sind. Tomatenwürfel zugeben, weitere 10 Minuten köcheln. Lorbeerblätter entfernen. Abschmecken mit Kräutersalz und Pfeffer.
4 Bohnensuppe anrichten, Petersilie darüber streuen, mit Olivenöl beträufeln. Käse separat servieren.

Quinua-Curry-Suppe

2 EL Olivenöl extra nativ
1 kleine Zwiebel, fein gehackt
½ kleiner Lauch, in feinen Ringen
100 g Quinua, mehlfein gemahlen
1 TL mittelscharfe Currymischung
2 Zitronengrasstängel
1 l Gemüsebrühe
2 dl/200 ml Kokosnussmilch
frischer oder getrockneter Thymian
Gemüsebrüheextrakt, Olivenöl extra nativ

1 Zwiebeln und Lauch im Olivenöl andünsten, Quinuamehl und Currymischung unterrühren, Zitronengrasstängel zugeben, mit der Gemüsebrühe ablöschen, unter Rühren aufkochen, bei schwacher Hitze unter zeitweiligem Rühren 20 Minuten köcheln, nach 10 Minuten Kokosnussmilch zugeben. Zitronengrasstängel entfernen. Suppe mit frischem oder getrocknetem Thymian und Gemüsebrüheextrakt abschmecken. Je nach Konsistenz mit Gemüsebrühe verdünnen.
2 Quinua-Curry-Suppe anrichten, mit Olivenöl beträufeln.

Salate

Mais-Avocado-Salat mit Rucola

für 4 Personen als Vorspeise, für 2 Personen als Mahlzeit

½ Dose (ca. 120 g) Maiskörner
1 reife Avocado
1 Schalotte
120 g Feta, gewürfelt
schwarze Oliven
Blattsalat, z. B. Rucola, Eisbergsalat, Endivie

Sauce

1 große Zitrone, Saft
wenig weißer Balsamico
Kräutersalz
frisch gemahlener Pfeffer
4 EL Olivenöl extra nativ oder
kalt gepresstes Rapsöl

1 Avocado schälen und halbieren, Stein entfernen, Fruchtfleisch würfeln. Schalotte fein hacken. Blattsalat in grobe Streifen schneiden.

2 Alle Zutaten mit der Sauce mischen.

Tipp

Mit geröstetem Brot servieren. Nach Belieben mit Cherrytomaten garnieren.

Kartoffel-Gurken-Salat

für 2 Personen als Mahlzeit

300 g fest kochende Kartoffeln
1 kleine Freilandgurke
1 roter Peperoni/Paprikaschote
1 kleine rote Zwiebel
schwarze Oliven
100 g Feta oder Käse nach Belieben, gewürfelt

Sauce

½–1 Zitrone, Saft
Kräutersalz
frisch gemahlener Pfeffer
½ dl/50 ml Gemüsebrühe
2–3 EL Olivenöl extra nativ oder
kalt gepresstes Rapsöl
1–2 Knoblauchzehen, durchgepresst

1 Kartoffeln in der Schale im Dampf weich garen, heiß schälen und in Scheiben schneiden.

2 Gurke schälen und in Scheiben schneiden. Peperoni halbieren, Stielansatz und Kerne entfernen, Fruchthälften in kleine Vierecke schneiden. Zwiebel in Streifen schneiden.

3 Alle Zutaten mit der Sauce mischen

Buchweizensalat

Mahlzeit

160 g Buchweizen
1 EL Olivenöl extra nativ
1 Prise Kardamom
3½ dl/350 ml schwache Gemüsebrühe
2 EL Apfelessig
1 Prise Paprikapulver
250 g gemischtes Gemüse,
z. B. Karotten, Knollensellerie, Fenchel, Kohlrabi
100 g Lauch
2 EL Olivenöl extra nativ
Kräutersalz, einige Basilikumzweiglein

1. Buchweizen in einer heißen Pfanne kurz rösten, bis er leicht duftet, Olivenöl und Kardamom unterrühren, mit der Gemüsebrühe ablöschen, aufkochen, ein paar Minuten sprudelnd kochen, auf der ausgeschalteten Wärmequelle zugedeckt 30 Minuten oder länger ausquellen lassen, mit Essig und Paprika abschmecken.
2. Gemüse schälen, in Stäbchen/Streifen schneiden. Lauch in Ringe schneiden. Gemüse ohne Lauch im Dampf bissfest garen, Lauch die letzen 5 Minuten mitgaren. Das Gemüse mit Olivenöl und Kräutersalz würzen.
3. Basilikumblätter von den Stielen zupfen, in Streifchen schneiden, mit dem Buchweizen mischen.
4. Gemüse auf die Teller verteilen. Buchweizen mit dem Eisportionierer portionieren, auf dem Gemüse anrichten.

Herbstlicher Rotkohl-Sellerie-Salat

200 g Rotkabis/-kohl
200 g Knollensellerie
1 säuerlicher Apfel
1 Orange
50 g Baumnuss-/Walnusskerne

Sauce

1 Zitrone, Saft
3 EL Olivenöl extra nativ
Meersalz
2 EL gehackte Petersilie

1. Rotkabis und geschälten Sellerie zur Sauce hobeln, vermengen.
2. Apfel schälen, vierteln und entkernen, Viertel in feine Schnitze schneiden. Unter die Sauce mischen.
3. Den Salat anrichten. Die Orange großzügig schälen, die Fruchtfilets aus den Trennhäutchen schneiden, entkernen, auf den Salat legen, mit den Nüssen garnieren.

Bunter Randensalat

4 EL Olivenöl extra nativ
4 mittelgroße rohe Randen/Rote Bete
1 große Zwiebel, fein gehackt
1 Knoblauchzehe, fein gehackt
1 dl/100 ml Gemüsebrühe
1 EL Birnendicksaft
5–6 EL Rotweinessig
Salz
frisch gemahlener Pfeffer

je 1 Prise Korianderpulver, Kümmelsamen und Nelkenpulver
1 TL mittelscharfer Senf
1 Bund Dill, fein gehackt
4 Gewürzgurken, klein gewürfelt

4 Portionen Nüssli-/Feldsalat
Balsamico
Olivenöl extra nativ

1 Die Randen schälen und in etwa 1 cm große Würfel schneiden.

2 Öl erhitzen, Zwiebeln und Knoblauch andünsten, Randen zugeben und mitdünsten, Gemüsebrühe, Birnendicksaft und Rotweinessig unterrühren, würzen, Randen bei schwacher Hitze 20 Minuten köcheln, abschmecken mit Senf. Salat auskühlen lassen.

3 Den Randensalat mit Dill und Gewürzgurken mischen, auf Tellern anrichten. Nüsslisalat mit Balsamico und Olivenöl abschmecken, zum Randensalat geben.

Lauchsalat mit Brüsseler Endivie und Räuchertofu

2 Lauch
2 Brüsseler Endivien
2 süße rotbackige Äpfel

2 EL kalt gepresstes Sesamöl
50 g Räuchertofu, gewürfelt

Sauce

2 EL Honig- oder Apfelessig
einige Tropfen Zitronensaft
1 Prise Kurkuma, frisch gemahlener Pfeffer
1 Prise milde Currymischung, 1 EL Sojasauce
3–4 EL kalt gepresstes Haselnussöl

wenig Grün von Stangensellerie oder
glattblättrige Petersilie
wenig Brüsseler Endivie für die Garnitur

1. Räuchertofu im Sesamöl braten.
2. Die grobfasrigen Teile beim Lauch entfernen, Stangen in Ringe schneiden und diese im Dampf knackig garen, abkühlen lassen. Äpfel ungeschält vierteln und entkernen, Viertel in Schnitze schneiden. Brüsseler Endivie eventuell längs halbieren, in Streifen schneiden.
3. Tofu, Lauch und Brüsseler Endivie mit der Sauce gut mischen.
4. Salat anrichten, mit Brüsseler Endivie, Apfelschnitzen und Selleriegrün garnieren.

Löwenzahnsalat mit überbackenem Ziegenfrischkäse

150–200 g junger Löwenzahn

Sauce

1–2 EL Zitronensaft oder Weißweinessig
1 Prise Salz
4 EL Olivenöl extra nativ

Ziegenfrischkäse

4 kleine Ziegenfrischkäse
2–3 EL Olivenöl extra nativ
1 EL fein gehackte Zwiebeln
1 Knoblauchzehe
3 EL fein gehackte Kräuter, z. B. Petersilie, Thymian, Salbei
3 EL geriebene Haselnüsse
½ unbehandelte Zitrone, abgeriebene Schale und Saft
Kräutersalz
frisch gemahlener Pfeffer

1 Backofen auf 200 °C vorheizen.

2 Käslein in eine eingefettete Gratinform legen. Für die Kruste das Öl erhitzen, Zwiebeln und durchgepresste Knoblauchzehe darin andünsten, Kräuter, Haselnüsse und Zitronenschalen zugeben und kurz mitdünsten, mit Zitronensaft, Kräutersalz und Pfeffer abschmecken. Auf die Käslein verteilen. Im Backofen bei 200 °C max. 5 Minuten überbacken. Achtung: bei längerer Backzeit wird der Käse flüssig.

3 Den Löwenzahn mit der Sauce mischen, anrichten, Käslein darauf setzen.

Löwenzahn

Je jünger die Blätter, desto zarter und feiner ihr Aroma. Es empfiehlt sich, diese harntreibenden, blutreinigenden und stark entschlackenden Blättchen an Orten etwas abseits der «Zivilisation» zu pflücken. Löwenzahnblätter ergeben auch ein feines Gemüse; sie können wie Spinat zubereitet werden.

Pastinakensalat

500 g Pastinaken
1 Apfel
2 Brüsseler Endivien
2 Orangen

Sauce

½ Orange, Saft
1 EL Weißweinessig
Salz
frisch gemahlener Pfeffer
1 Prise Pimentpulver
4 EL kalt gepresstes Sonnenblumenöl
1 kleine Knoblauchzehe, durchgepresst

1 Pastinaken schälen und in zündholzdicke Stäbchen schneiden. Im Dampf knackig garen.
2 Brüsseler Endivien in die einzelnen Blätter zerlegen (abbrechen oder abschneiden).
3 Orangen oben und unten einen Deckel abschneiden, Früchte großzügig schälen, auch weiße Haut entfernen, die Fruchtfilets mit einem scharfen Messer aus den Trennhäuten schneiden, entkernen.
4 Apfel schälen, vierteln und entkernen, in zündholzdicke Stäbchen schneiden.
5 Äpfel und Pastinaken mit der Sauce mischen.
6 Brüsseler Endivie und Orangenschnitze sternförmig auf Tellern anrichten. Pastinaken-Apfel-Salat in die Mitte geben.

Wintersalat mit Austernpilzen

2 Brüsseler Endivien
100 g Rosenkohl
wenig Rotkabis/-kohl
wenig Essig
wenig Rotwein
350 g Austernpilze
2 EL Butter

Sauce
2 EL Zitronensaft
Salz
frisch gemahlener Pfeffer
2 EL Olivenöl extra nativ
2 EL kalt gepresstes Sonnenblumenöl
50 g geschälte Haselnüsse, grob gehackt

glattblättrige Petersilie für die Garnitur

1 Brüsseler Endivien in die einzelnen Blätter zerlegen (abbrechen oder abschneiden).
2 Beim Rosenkohl die Hüllblätter entfernen, die einzelnen Blätter abbrechen oder abschneiden. Die Blätter im Dampf knackig garen. Mit kaltem Wasser abschrecken.
3 Rotkabis in Streifchen schneiden, mit Essig und Rotwein marinieren.
4 Pilze ganz lassen, in der Butter kurz dünsten.
5 Die Brüsseler Endivien kreisförmig auf Tellern anrichten, Rosenkohlblätter dazwischen legen, Austernpilze in die Mitte geben, Rotkabisstreifchen und Petersilie darüber verteilen, mit Haselnusssauce beträufeln.

Fenchelsalat

600 g Fenchel
Salz
Olivenöl extra nativ
4 Tomaten
Fenchelgrün oder glattblättrige Petersilie

Marinade

3 EL weißer Balsamico oder milder Apfelessig
Kräutersalz
frisch gemahlener Pfeffer
6 EL Olivenöl extra nativ
2 Knoblauchzehen, durchgepresst

Grapefruit-Avocado-Salat

2 rosa Grapefruits
2 reife Avocados
2 EL Pinienkerne
einige Minzeblätter, fein geschnitten

Sauce

2 EL weißer Balsamico
wenig Portwein
1 Msp frisch geriebener Ingwer oder Ingwerpulver
1 Msp abgeriebene Zitronenschale
Salz
Pfeffer

Fenchelsalat

1 Fenchel putzen, auf dem Gemüsehobel oder mit einem Messer in Längsrichtung (siehe Bild) in möglichst feine Scheiben hobeln, mit Salz würzen, in einer weiten Pfanne im Olivenöl langsam knackig dünsten.
2 Tomaten an der Spitze kreuzweise einschneiden. In einem Schaumlöffel in kochendes Wasser tauchen, bis sich die Haut löst, unter kaltem Wasser abschrecken. Tomaten schälen, den Stielansatz kreisförmig herausschneiden. Je nach Größe in 8 oder 12 Schnitze teilen, entkernen.
3 Den Fenchel anrichten, mit der Marinade beträufeln, mit den Tomaten garnieren. Mit den zerzupften Kräutern bestreuen.

Grapefruit-Avocado-Salat

1 Grapefruits oben und unten einen Deckel abschneiden, Früchte großzügig schälen, auch die weiße Haut entfernen, die Fruchtfilets mit einem scharfen Messer aus den Trennhäuten schneiden, entkernen.
2 Eine Avocado schälen, halbieren und entsteinen, Fruchthälften längs in Scheiben schneiden. Zweite Avocado halbieren und entsteinen, Fruchtfleisch mit dem Pariserlöffel portionieren.
3 Avocadokugeln und Grapefruits sofort mit der Sauce vermengen.
4 Grapefruit-Avocado-Salat anrichten, Pinienkerne und Minze darüber streuen, Avocadoschnitze darauf legen.

Kohlrabi-Bananen-Salat mit Curry

2 Kohlrabi
2 Bananen
1 EL leicht geröstete Sonnenblumenkerne
einige fein geschnittene Minzeblätter

Sauce

1 Zitrone; Saft, wenig Honig- oder Himbeeressig
2 EL kalt gepresstes Sonnenblumenöl
4 EL Crème fraîche
½ TL milde Currymischung
1 Prise scharfe Currymischung
½ TL Kurkuma für die Farbe
1 Msp Ingwerpulver
1 Prise Kreuzkümmelpulver, Salz

1 Kohlrabi schälen, in feine Stäbchen schneiden. Mit der Sauce mischen.

2 Bananen schälen und in Scheiben schneiden, mit dem Kohlrabisalat sorgfältig mischen.

3 Salat anrichten, mit Sonnenblumenkernen und Minze garnieren.

Griechischer Bohnen-Peperoni-Salat

Mahlzeit

400 g fest kochende Kartoffeln
200 g grüne Bohnen
2–3 EL Olivenöl extra nativ
200 g roter und gelber Peperoni/Paprikaschote
1 Handvoll schwarze Oliven

einige fein geschnittene Basilikumblätter

Sauce

1 unbehandelte Zitrone, abgeriebene Schale und Saft
2 EL Sojasauce
1 dl/100 ml Olivenöl extra nativ
½ Sträußchen glattblättrige Petersilie, Blättchen von den Stielen gezupft und gehackt
2 Knoblauchzehen, durchgepresst
Kräutersalz, frisch gemahlener Pfeffer

1 Die Kartoffeln in der Schale im Dampf weich kochen, noch heiß schälen, längs in Spalten schneiden.
2 Bohnen putzen, d. h. den Stielansatz abschneiden und gleichzeitig den zähen Faden abziehen. Bohnen im Dampf bissfest garen.
3 Peperoni halbieren, Stielansatz und Kerne entfernen, die Hälften längs in 1 cm breite Streifen schneiden, im Olivenöl 3 bis 4 Minuten braten.
4 Zutaten mit der Sauce mischen, 15 Minuten ziehen lassen. Basilikum darüberstreuen.

Couscous-Salat mit Feta

Mahlzeit

200 g Couscous
4 dl/400 ml Wasser oder Gemüsebrühe
250 g gekochte Kichererbsen
1 Freilandgurke
1 Handvoll Cherrrytomaten, halbiert
1 roter Peperoni/Paprikaschote
1 mittelgroße rote oder weiße Zwiebel
1 Handvoll schwarze Oliven
1 Handvoll Minzeblättchen, in Streifen
2 EL grob gehackte glattblättrige Petersilie
150 g Fetawürfelchen

Sauce

2–3 Zitronen, je nach Saftmenge
Salz
frisch gemahlener Pfeffer
3/4 dl/75 ml Olivenöl extra nativ
evtl. wenig Gemüsebrühe
(wenn der Couscous zu trocken ist)

1 Couscous mit kochendem Wasser oder kochender Gemüsebrühe übergießen, 10 Minuten zugedeckt quellen lassen.

2 Gurke schälen, in Würfelchen schneiden. Peperoni halbieren, Stielansatz und Kerne entfernen, in Quadrate schneiden. Zwiebel schälen, in feine Streifen/Ringe schneiden.

3 Couscous, Kichererbsen, Gurken, Tomaten, Peperoni, Zwiebeln und Oliven mit der Sauce mischen, 30 Minuten ziehen lassen. Minze, Petersilie und Feta untermischen, eventuell mit Salz und Pfeffer abschmecken.

Lauch mit Kräutersauce

500 g Lauch

Sauce

½ dl/50 ml Gemüsebrühe

2 EL Balsamico

2 EL Sojasauce

3 EL Olivenöl extra nativ

2 Knoblauchzehen, durchgepresst

½ Sträußchen Petersilie, Blättchen von den Stielen gezupft und gehackt

1 kleine Zwiebel, fein gehackt

frisch gemahlener Pfeffer

Kräutersalz

2–3 Bund Schnittlauch, fein geschnitten

1 EL Kapern

1 Grobfasrige Blätter beim Lauch entfernen, Stangen in 5 cm lange Stücke schneiden, diese längs halbieren und die Hälften in Streifen schneiden, im Dampf bissfest garen, mit kaltem Wasser abschrecken.

2 Lauch auf einer Platte anrichten, Sauce darüber träufeln, mit Schnittlauch und Kapern garnieren.

Lauwarmer Kartoffel-Carpaccio

für 2 Personen als Mahlzeit

400–500 g fest kochende Kartoffeln
2 EL Kapern
feine Radieschenscheiben
feine Zwiebelringe

Marinade

2 EL Zitronensaft oder Essig
frisch gemahlener Pfeffer
Kräutersalz
gehackte glattblättrige Petersilie
fein gehackte frische Rosmarinnadeln
4 EL Olivenöl extra nativ

1 Kartoffeln schälen und in 2 bis 3 mm dicke Scheiben schneiden, im Dampf weich garen.

2 Die noch warmen Kartoffeln auf Tellern anrichten, mit der Marinade beträufeln. Mit Kapern, Radieschen und Zwiebeln garnieren.

Linsensalat mit Zitronen-Petersilien-Marinade

für 4 Personen als Vorspeise
für 2 Personen als Mahlzeit

100 g rote Linsen
2 dl/200 ml Gemüsebrühe
1 EL Olivenöl extra nativ
150 g Lauch
100 g Karotten

Marinade

1 unbehandelte Zitrone, abgeriebene Schale und Saft
1 EL Sojasauce
4 EL Olivenöl extra nativ
reichlich fein gehackte Petersilie
Kräutersalz

Garnitur

1 EL leicht geröstete Kürbiskerne, nach Belieben
krause Endivie oder anderer Blattsalat

1. Linsen und Gemüsebrühe aufkochen, bei schwacher Hitze etwa 10 Minuten köcheln, bis die Linsen weich sind. Abgießen.
2. Grobfasrige Teile beim Lauch entfernen, Stangen längs halbieren und in Streifchen schneiden. Karotten schälen und in Stäbchen schneiden. Lauch und Karotten im Olivenöl bei schwacher Hitze knackig dünsten.
3. Noch lauwarmes Gemüse und Linsen mit der Marinade mischen.
4. Linsensalat anrichten, mit Blattsalat garnieren, Kürbiskerne darüber streuen.

Lauchsalat mit warmem Ziegenfrischkäse

für 4 Personen als kleine Mahlzeit

600 g Lauch
2 dl/200 ml Gemüsebrühe
6 getrocknete Tomaten
4 EL leicht geröstete Pinienkerne
4 EL Kapern
2 Bund Schnittlauch

Sauce
4 EL Balsamico
Kräutersalz
frisch gemahlener Pfeffer
4 EL Olivenöl extra nativ

Olivenöl extra nativ
4 kleine Ziegen- oder Kuhmilchfrischkäse, Typ Formaggini
frisch gemahlener schwarzer Pfeffer
2 EL flüssiger Honig oder süßlicher Balsamico

1 Getrocknete Tomaten 30 bis 60 Minuten in wenig warmem Wasser oder warmer Gemüsebrühe einweichen, in Streifen schneiden. Schnittlauch fein schneiden. Grobfasrige Teile beim Lauch entfernen, Stangen in 8 cm lange Stücke schneiden, diese längs in feine Streifen schneiden.

2 Lauch in der Gemüsebrühe knackig garen, abgießen, Flüssigkeit auffangen (als Suppe genießen). Lauch noch lauwarm mit der Sauce mischen.

3 Ziegenfrischkäse in wenig Olivenöl kurz braten, mit Pfeffer würzen, mit Honig oder Balsamico beträufeln.

4 Lauch anrichten, mit Tomaten, Pinienkernen, Kapern und Schnittlauch bestreuen. Den lauwarmen Käse darauf legen. Sofort servieren.

Kartoffel-Kürbis-Salat mit Kürbiskernen

Mahlzeit

800 g fest kochende Kartoffeln
400 g geschälter, entkernter Kürbis, fruchtige Sorte
1 EL Olivenöl extra nativ
1 mittelgroße Zwiebel, fein gehackt
4 EL geröstete Kürbiskerne
1 EL fein geschnittene Minze

Sauce

5 EL Apfel- oder Weißweinessig
1 dl/100 ml lauwarme Gemüsebrühe
2 Orangen, Saft
4–5 EL Öl, halb Kürbiskernöl/halb Olivenöl extra nativ
½ TL milde Currymischung
Salz
frisch gemahlener Pfeffer

1 Kartoffeln in der Schale im Dampf weich garen, noch heiß schälen und in Scheiben schneiden. Mit der Sauce sorgfältig mischen. 30 Minuten ziehen lassen. In dieser Zeit 2 bis 3 Mal in eine andere Schüssel umfüllen, damit alle Kartoffeln die Sauce aufnehmen können.
2 Den Kürbis in dünne Schnitze/Spalten schneiden, im Öl einige Minuten dünsten, mit den Zwiebeln zum Kartoffelsalat geben, mischen, nochmals kurz ziehen lassen. Kürbiskerne und Minze untermischen.

Getreide

Grünkernburger mit Kürbiskernen

für 6 Personen

2 EL Olivenöl extra nativ
1 Schalotte, fein gehackt
200 g mittelfeiner Grünkernschrot
200 g Karotten
1 dl/100 ml Rahm/Sahne
2 dl/200 ml Gemüsebrühe
gehackte Thymianblättchen
1–2 Zweiglein Rosmarin, Nadeln abgestreift

Kräutersalz
frisch gemahlener Pfeffer
4 Freilandeier
50 g fein geriebene geröstete Kürbiskerne

Olivenöl extra nativ zum Braten
Kürbiskerne zum Bestreuen

1 Karotten schälen und auf der Bircherraffel reiben.

2 Schalotten im Olivenöl andünsten, Grünkernschrot und Karotten zufügen, ablöschen mit Rahm und Gemüsebrühe, Kräuter zufügen, würzen, unter Rühren bei schwacher Hitze 5 bis 7 Minuten zu einem dicken Brei einkochen, auf der ausgeschalteten Wärmequelle zugedeckt 30 Minuten quellen lassen. Geriebene Kürbiskerne und verquirlte Eier unterrühren, abschmecken.

3 In einer beschichteten Bratpfanne wenig Öl erhitzen, die Grünkernmasse mit dem Eisportionierer portionieren, die Kugeln in die Pfanne geben und flach drücken, 5 Minuten bei mittlerer Hitze braten, die Burger wenden, die Kürbiskerne darüber streuen, fertig braten.

Tipp

Die Burger schmecken auch kalt sehr gut. Mit Salat und Saisongemüse servieren.

Überbackene Roggenklößchen

1 TL Butter
1 kleine Zwiebel, fein gehackt
160–200 g Roggen- oder Gerstenschrot
abgezupfte Thymianblättchen
wenig frisch geriebener Ingwer
1 Prise milde Currymischung
1 Prise Kurkuma für die Farbe
3½–4 dl/350–400 ml Gemüsebrühe

Kräutersalz
20 g weiße (geschälte) Sesamsamen
50 g geriebener Käse

1 Zwiebeln in der Butter andünsten, Getreideschrot kurz mitdünsten, Kräuter und Gewürze zugeben, mit der Gemüsebrühe ablöschen, aufkochen, auf der ausgeschalteten Wärmequelle 30 Minuten zugedeckt quellen lassen, mit Kräutersalz abschmecken.

2 Backofen auf 220 °C vorheizen.

3 Von der Getreidemasse mit dem Eisportionierer Kugeln oder mit einem Esslöffel Klößchen abstechen, diese leicht fest drücken, in die mit Butter eingefettete Gratinform legen, Sesamsamen und Käse darüber streuen.

4 Gratinform in der Mitte in den Ofen schieben, Grünkernklößchen bei 220 °C 15 Minuten überbacken.

Kürbisrisotto mit weißen Bohnen

2 EL Olivenöl extra nativ
1 Schalotte, fein gehackt
1 Knoblauchzehe, fein gehackt
200 g Risottoreis
1 dl/100 ml Weißwein
ca. 8 dl/800 ml Gemüsebrühe
1 Rosmarinzweiglein, Nadeln abgestreift
1 Lorbeerblatt
2 Salbeiblätter

400 g geschälter, entkernter Kürbis, fruchtige Sorte
240 g gekochte weiße Bohnen
1 Handvoll Spinatblätter, grob geschnitten
30 g geriebener Parmesan
2 EL geröstete Kürbiskerne
Salz
frisch gemahlener Pfeffer
Kürbiskernöl

1 Kürbis in Würfel schneiden.

2 Schalotten und Knoblauch im Öl andünsten, den Reis zugeben und glasig werden lassen, mit Weißwein und Gemüsebrühe ablöschen, Rosmarin, Lorbeer und Salbei zugeben, aufkochen, bei schwacher Hitze 15 Minuten köcheln, ab und zu rühren. Kürbis zugeben, 8 bis 10 Minuten köcheln, je nach Flüssigkeitsstand ein wenig Gemüsebrühe zugeben. Bohnen und Spinat zugeben, erhitzen. Parmesan und Kürbiskerne unterrühren, abschmecken. Mit Kürbiskernöl beträufeln.

Getreide

Auberginen-Roggen-Bratlinge

100 g mittelgrobes Roggenschrot
2 dl/200 ml kaltes Wasser
1 TL Gemüsebrühepulver
2 EL Olivenöl extra nativ
1 mittelgroße Zwiebel, fein gehackt
1 Knoblauchzehe, durchgepresst
100 g Auberginen
50 g roter oder grüner Peperoni/Paprikaschote
25 g geriebener Käse
3 EL gehackte oder fein geschnittene Kräuter,
z. B. Petersilie, Salbei, Schnittlauch, Estragon, Thymian
frisch gemahlener Pfeffer
Kräutersalz
1 Prise edelsüßes Paprikapulver
Olivenöl zum Braten

1 Roggenschrot über Nacht im kalten Wasser einweichen. Am nächsten Tag unter Rühren 5 Minuten köcheln, auf der ausgeschalteten Wärmequelle zugedeckt etwa 30 Minuten ausquellen lassen, mit dem Gemüsebrühepulver würzen.

2 Auberginen und Peperoni ungeschält in möglichst kleine Würfel (Brunoise) schneiden.

3 Zwiebeln, Knoblauch, Auberginen und Peperoni im Olivenöl weich dünsten, auskühlen lassen.

4 Roggenschrot, Gemüse, Käse und Kräuter mischen, würzen.

5 Schrotmasse mit dem Eisportionierer portionieren, mit den Händen Bratlinge formen, gut zusammendrücken, in einer beschichteten Bratpfanne im heißen Olivenöl braten.

Tipp

Die Bratlinge können warm oder kalt serviert werden.

Maisblinis

für 12 Stück

70 g feines Maismehl
70 g Weizen- oder Dinkelvollkornmehl
½ TL Salz
1 TL Weinsteinbackpulver
2 dl/200 ml Milch
2 Freilandeier
1 EL Olivenöl extra nativ
Olivenöl oder
Bratbutter/Butterschmalz zum Braten

Mais-Jogurt-Raita

½ TL Senfkörner
1 EL Olivenöl extra nativ
50 g Maiskörner aus dem Glas
1 TL fein gehackter Ingwer
1 Knoblauchzehe, durchgepresst
200 g Naturjogurt
Kreuzkümmelpulver
Salz, frisch gemahlener Pfeffer
1 Prise milde Currymischung
1 Prise Kurkuma für die Farbe

1 Für die Blinis Mehl, Salz und Backpulver mischen. Milch, Eier und Olivenöl zugeben, glatt rühren. Teig 30 Minuten quellen lassen.

2 Teig portionieren und im nicht zu heißen Olivenöl oder in der Bratbutter in einer beschichteten Bratpfanne 12 Blinis braten.

3 Für die Sauce Senfkörner im heißen Öl rührbraten, bis sie platzen. Senfkörner, Maiskörner, Ingwer und Knoblauch unter den Jogurt rühren, würzen.

Serviertipps

Schlagrahm/-sahne mit frisch geriebenem Meerrettich mischen oder Avocadopüree mit Tomatenwürfelchen und fein geschnittenem Rucola anreichern.

Grünkohl-Risotto

3 EL Olivenöl extra nativ
1 mittelgroße Zwiebel, fein gehackt
320–350 g Risottoreis
ca. 8 dl/800 ml Gemüsebrühe
700 g Grün-/Federkohl
80 g Gorgonzola
frisch gemahlener Pfeffer
Olivenöl extra nativ

1 Beim Grünkohl dicke, zähe Rippen entfernen, Blätter im Cutter oder von Hand hacken.
2 Zwiebeln im Olivenöl andünsten, Reis zufügen, glasig werden lassen, Gemüsebrühe zugeben, aufkochen, Reis bei schwacher Hitze 10 Minuten köcheln, immer wieder rühren. Grünkohl zugeben, bei Bedarf ein wenig Gemüsebrühe nachgießen, köcheln, bis Gemüse und Reis gar sind. Mit Gorgonzola verfeinern und mit Pfeffer abschmecken. Risotto mit Olivenöl beträufeln.

Variante

Grünkohl durch Wirz/Wirsing oder Brokkoli ersetzen.

Feine Maisschnitten

½ l Milch
1 TL Salz
frisch gemahlener Pfeffer
100 g Maisgrieß
100 g flüssige Butter oder
1 dl/100 ml Olivenöl extra nativ
2 Freilandeier, Eigelb und Eiweiß getrennt

1 Milch, Salz und eine Umdrehung Pfeffer aufkochen, Maisgrieß einrieseln lassen, unter ständigem Rühren bei schwacher Hitze zu einem Brei einkochen. Butter und Eigelbe unterrühren.
2 Backofen auf 180 °C vorheizen.
3 Ein rechteckiges Kuchenblech mit Backpapier belegen.
4 Eiweiß nicht ganz steif schlagen, unter den Maisbrei ziehen. Auf dem Backpapier 1 cm hoch verstreichen.
5 Blech in der Mitte in den Ofen schieben, Maisblatt bei 180 °C 30 bis 40 Minuten backen. Portionieren.

Tipp

Schmeckt lauwarm am besten. Mit einem Salat servieren.

Schnelle Maispuffer

2 Maiskolben oder
250 g Maiskörner aus dem Glas
4 Freilandeier
60 g feines Maismehl
frisch gemahlener Pfeffer
Kräutersalz
einige Salbeiblätter, in Streifchen

Olivenöl extra nativ oder
Bratbutter/Butterschmalz zum Braten

1 Hüllblätter und Barthaare bei den Maiskolben entfernen. Die Maiskörner mit einem scharfen Messer von den Kolben schneiden, im Dampf kurz garen.
2 Eier und Mehl glatt rühren, würzen, Maiskörner und Salbei unterrühren.
3 Aus dem Teig im nicht zu heißen Öl oder in der Bratbutter in einer beschichteten Bratpfanne Puffer braten.

Tipp

Mit gedünsteten Peperoni-/Paprikastreifen und einer Tomaten- oder Zitronensauce servieren.

Hirse-Mais-Gnocchi

6 dl/600 ml Gemüsebrühe
140 g Hirsekörner
100 g feiner Maisgrieß
Kräutersalz
frisch gemahlener Pfeffer
1 Prise Muskatnuss
1 Msp Paprikapulver
2 EL fein gehackte Petersilie
2 EL fein geschnittener Schnittlauch
1 roter Peperoncino, entkernt, in Ringen

1 Zum Entfernen der Bitterstoffe Hirsekörner in einem feinmaschigen Sieb mit warmem Wasser überbrausen.
2 Gemüsebrühe, Hirsekörner und Mais aufkochen, 10 Minuten bei schwacher Hitze unter zeitweiligem Rühren köcheln. Auf der ausgeschalteten Wärmequelle zugedeckt 30 Minuten quellen lassen.
3 Hirse-Mais-Masse aufkochen, würzen. Kräuter und Peperoncini unterrühren. Mit einem Esslöffel Klößchen abstechen.

Tipp

Mit dem Fenchel-Bohnen-Gemüse, Seite 154, servieren.

Pikanter Zucchini-Mais-Kuchen

für eine Kuchenform von 28 cm Durchmesser

100 g geschälte, geriebene Mandeln
100 g geriebener Käse
150 g Vollmilch- oder Rahmquark/-sahne
3 EL Rahm/Sahne
3 EL Olivenöl extra nativ
2 Freilandeier
120 g grober Maisgrieß
600 g Zucchini
100 g Maiskörner aus dem Glas

2 TL Provencekräutermischung
1 TL milde Currymischung
1 Prise Muskatnuss
Salz
1 EL Pinienkerne
6–8 Salbeiblätter

1 Mandeln, Käse, Quark, Rahm, Olivenöl, Eier und Maisgrieß verrühren, 30 Minuten quellen lassen.
2 Backofen auf 200 °C vorheizen.
3 Zucchini beidseitig kappen, auf Gemüsehobel/Röstiraffel hobeln.
4 Zucchini, Maiskörner, Kräutermischung sowie Gewürze unter den Mais rühren, mit Salz abschmecken.
5 Maismasse in die eingefettete Form füllen, Pinienkerne und Salbei darüber streuen.
6 Den Maiskuchen in der Mitte in den Ofen schieben, bei 200 °C 45 Minuten backen.

Pancakes mit Heidelbeeren

80 g Dinkelweißmehl/Mehl Type 630
2 EL Rohrohrzucker
½ TL Salz
1 TL phosphatfreies Backpulver
90 g feiner Maisgrieß
2 Freilandeier
40 g flüssige Butter
2½ dl/250 ml Milch
200 g frische Heidelbeeren
Bratbutter/Butterschmalz

Crème fraîche
Heidelbeeren

1 Mehl, Zucker, Salz, Backpulver sowie Maisgrieß mischen, Eier, Butter und Milch unterrühren, Heidelbeeren unterrühren.
2 Aus dem Teig in einer beschichteten Bratpfanne in wenig Bratbutter 6 große oder 9 kleine Pancakes braten.
3 Pancakes mit Heidelbeeren und Crème fraîche servieren.

Tipp
Ideal für eine kleine Mahlzeit.

Goldhirse-Lauch-Gratin

1 EL Olivenöl extra nativ oder Bratbutter/Butterschmalz
1 kleine Zwiebel, fein gehackt
100 g Lauchstreifen
200 g Goldhirse
wenig getrockneter Majoran und Thymian
4 dl/400 ml Gemüsebrühe
2 EL Vollmilch- oder Rahmquark
Kräutersalz
½ unbehandelte Zitrone, abgeriebene Schale
50 g geriebener Käse

1 Zwiebeln und Lauch im Olivenöl andünsten, Goldhirse und Kräuter zugeben, ablöschen mit der Gemüsebrühe, aufkochen, auf der ausgeschalteten Wärmequelle zugedeckt rund 30 Minuten quellen lassen. Quark unterrühren, mit Kräutersalz und Zitronenschale würzen.
2 Hirsemasse in eine mit Butter eingefettete Gratinform füllen, Käse darüber streuen.
4 Goldhirse-Lauch-Gratin in der Mitte in den auf 220 °C vorgeheizten Ofen schieben, etwa 15 Minuten backen.

Goldhirse mit Curry-Zucchini

200 g Goldhirse
4 dl/400 ml Gemüsebrühe

Gemüse

2 EL Olivenöl extra nativ oder Butter
1 kleine Zwiebel, fein gehackt
800 g Zucchini
Currymischung beliebiger Schärfe
Rosenpaprikapulver
Muskatnuss
1 Prise Korianderpulver
wenig Gemüsebrühe
2 Bananen
Salz
1 dl/100 ml Sauerrahm/saure Sahne
80 g Cashewkerne

1 Goldhirse mit der Gemüsebrühe aufkochen, auf der ausgeschalteten Wärmequelle zugedeckt 30 Minuten quellen lassen.
2 Zucchini beidsetig kappen, in Würfelchen schneiden. Bananen schälen und in Scheiben schneiden.
3 Zwiebeln im Olivenöl andünsten, Zucchini mitdünsten, würzen, mit ein wenig Gemüsebrühe ablöschen, 5 Minuten köcheln lassen. Bananen unterrühren, nochmals erhitzen, mit Salz abschmecken, mit Sauerrahm verfeinern. Cashewkerne unterrühren.

Variante

Zucchini durch Kürbis ersetzen.

Wildreis-Käse-Kugeln

200 g Wildreis
2 Lorbeerblätter
6 dl/600 ml Wasser
2 Freilandeier
150 g geriebener Sbrinz oder Parmesan
2 unbehandelte Zitronen, abgeriebene Schale
4 EL Mehl
2 Rosmarinzweiglein, Nadeln abgestreift und gehackt
Gemüsebrühepulver

Olivenöl extra nativ zum Braten
Limonen- oder Zitronenscheiben für die Garnitur

1 Wildreis, Lorbeerblätter und Wasser aufkochen, bei schwacher Hitze etwa 20 Minuten köcheln, auf der ausgeschalteten Wärmequelle zugedeckt 20 Minuten ausquellen lassen. Lorbeerblätter entfernen.
2 Wildreis, Eier, Käse, Zitronenschale, Mehl und Rosmarin vermengen, mit dem Gemüsebrühepulver würzen.
3 Aus der Wildreismasse von Hand kleine Kugeln formen, gut zusammendrücken.
4 Die Wildreiskugeln in einer beschichteten Bratpfanne in wenig Olivenöl bei mittlerer Hitze etwa 7 Minuten braten. Mit halbierten Limonenscheiben auf Spießchen stecken. Lauwarm servieren.

Zitronen-Safran-Reiskugeln

250 g weißer Langkornreis
1 Briefchen Safranpulver
½ TL braune Senfkörner
3 Gewürznelken
2 EL Olivenöl extra nativ
50 g Paranüsse, gehackt
½ dl/50 ml frisch gepresster Zitronensaft
6 dl/600 ml heißes Wasser
½ TL Salz
2 EL Kokosnussflocken

Kokosnussflocken zum Wenden
Olivenöl extra nativ zum Braten

1 Die Zutaten mit Ausnahme der Kokosnussflocken unter Rühren aufkochen, bei schwacher Hitze unter zeitweiligem Rühren 20 bis 25 Minuten köcheln. Auskühlen lassen. Senfkörner und Nelken entfernen. Kokosnussflocken unterrühren.

2 Aus der Reismasse mit öligen Händen kleine Kugeln formen, in den Kokosnussflocken wenden, in einer beschichteten Bratpfanne im Olivenöl knusprig braten.

Tipp

Mit einem Chutney oder mit gedünstetem Gemüse servieren.

Haferkugeln

1 EL Sesamöl oder Olivenöl extra nativ
1 kleine Zwiebel, fein gehackt, oder
wenig Lauch, fein geschnitten
200 g mittelfeiner Haferschrot
½ TL mittelscharfe Currymischung
1 Prise Kurkuma für die Farbe
1 Prise Kreuzkümmelpulver
1 Thymianzweiglein, Blättchen abgezupft

ca. 4 dl/400 ml Gemüsebrühe
3–4 EL Kokosnussflocken
fein gehackte Petersilie
Salz

Kokosnussflocken zum Wenden

Sesamöl oder Olivenöl extra nativ zum Braten

1 Zwiebeln im Sesamöl andünsten, Haferschrot, Gewürze und Gemüsebrühe zufügen, aufkochen, Getreide bei schwacher Hitze 5 bis 10 Minuten köcheln, auf der ausgeschalteten Wärmequelle zugedeckt 30 Minuten oder länger quellen lassen.

2 Getreidemasse mit Kokosnussflocken und Petersilie vermengen, mit Salz abschmecken. Mit öligen Händen kleine Kugeln formen, diese fest zusammendrücken, in den Kokosnussflocken wenden.

3 Haferkugeln in einer beschichteten Bratpfanne im nicht zu heißen Sesamöl knusprig braten.

Tipp

Mit Sambal Oelek oder der Sesam-Mandel-Sauce, Seite 174, servieren.

Luftige Dinkelpuffer

für 18 Puffer

2 EL Akazienblütenhonig
1 TL Bourbon-Vanillepulver
1 unbehandelte Orange, abgeriebene Schale
1¾ dl/175 ml Milch
3 Eigelbe von Freilandeiern
200 g Dinkelvollkornmehl
1 Prise Salz
1 EL geriebene Mandeln
3 Eiweiß

Bratbutter/Butterschmalz zum Braten

1. Alle Zutaten, ohne Eiweiß, zu einem Teig rühren. Eiweiß steif schlagen und unterziehen.
2. In einer beschichteten Bratpfanne wenig Bratbutter nicht zu stark erhitzen. Für jeden Puffer einen kleinen Schöpflöffel Teig in die Bratpfanne geben, bei nicht zu starker Hitze beidseitig braten.

Tipps

Die Dinkelpuffer schmecken warm und kalt. Mit Apfelmus oder einer Fruchtsauce servieren. Die Menge reicht für ein leichtes, sättigendes Abendessen. Die Puffer sind bei Kindern sehr beliebt.

Risotto mit Artischocken

600 g kleine Artischocken
2 dl/200 ml Wasser
300 g Risottoreis
2 Knoblauchzehen, gehackt
heißes Wasser
1 dl/100 ml Weißwein

4 EL Olivenöl extra nativ zum Beträufeln
geriebener Parmesan oder Pecorino

1. Bei kleinen Artischocken die Blätter auf die Hälfte kürzen, so viele Hüllblätter abschneiden/abbrechen, bis nur noch die feinen, zarten Blätter übrig bleiben. Bei kleinen Artischocken muss das Heu nicht entfernt werden.
2. Artischocken im Wasser etwa 5 Minuten kochen, Reis und Knoblauch zugeben, unter zeitweiligem Rühren bei schwacher Hitze etwa 20 Minuten kochen, immer wieder ein wenig heißes Wasser zufügen. Den Weißwein unterrühren, kurz köcheln lassen.
3. Risotto anrichten, mit Olivenöl beträufeln. Käse separat servieren.

Risotto milanese

2 EL Butter
1 mittelgroße Zwiebel, fein gehackt
300–400 g Risottoreis
1 dl/100 ml Weißwein
ca. 1,2 l heiße Gemüsebrühe
1 Döschen Safranfäden, in wenig Brühe aufgelöst
40 g Butterstückchen
100 g geriebener Parmesan
Salz
frisch gemahlener Pfeffer

Zwiebeln in der Butter bei mittlerer Hitze andünsten, Reis zufügen, glasig werden lassen, Weißwein zugeben, einkochen lassen, Gemüsebrühe nach und nach zugeben, so dass der Reis immer knapp mit Flüssigkeit bedeckt ist, unter häufigem Rühren bei schwacher Hitze al dente kochen, 15 bis 20 Minuten, Safranfäden die letzten 5 Minuten mitkochen. Butterstückchen und die Hälfte des Parmesans unterrühren, mit Salz und Pfeffer abschmecken. Risotto in vorgewärmten Tellern anrichten. Restlichen Parmesan separat servieren.

Reisrösti **mit Gemüsestreifen**

150 g weißer Langkornreis, z. B. Basmatireis
3½ dl/350 ml Gemüsebrühe
1 Freilandei
5 EL Rahm/Sahne
50 g Schnittlauch, fein geschnitten
je 70 g feine Lauch- und Karottenstreifen
Salz
frisch gemahlener Pfeffer

Bratbutter/Butterschmalz
fein geschnittener Schnittlauch für die Garnitur

1. Reis und Gemüsebrühe aufkochen, auf der ausgeschalteten Wärmequelle zugedeckt 30 Minuten oder länger quellen lassen.
2. Ei und Rahm verquirlen, Schnittlauch, Lauch und Karotten zufügen, würzen.
3. In einer beschichteten Bratpfanne Reis in wenig Bratbutter erhitzen, zu einem Kuchen zusammenstoßen, Guss darüber gießen, Reisrösti bei mittlerer Hitze beidseitig braten. Schnittlauch darüber streuen.

Varianten

Gemüse und Schnittlauch durch Apfelstückchen, Sojasprossen, gekochte Linsen oder Getreidekeimlinge ersetzen. Es können auch Küchlein/Burger gebacken werden.

Reis mit Lauch und Bergkäse

2 EL Olivenöl extra nativ
1 mittelgroße Zwiebel, fein gehackt
2 Knoblauchzehen, fein gehackt
500 g Lauch
300 g weißer Langkornreis
1 dl/100 ml Weißwein
ca. 7 dl/700 ml heiße Gemüsebrühe
Salz, frisch gemahlener Pfeffer

2 EL Butter
2 mittelgroße Zwiebeln, in feinen Scheiben

2 Estragonzweiglein, Blättchen von den Stielen gezupft
100 g geriebener Bergkäse

1 Zwiebeln, Knoblauch und Lauch im Olivenöl andünsten, Reis zugeben, glasig werden lassen, mit Weißwein und 4 dl/400 ml Gemüsebrühe ablöschen, zugedeckt bei schwacher Hitze 15 Minuten köcheln. Restliche heiße Brühe zugeben, weitere 10 Minuten köcheln. Würzen.
2 Zwiebelringe in der Butter hellbraun rösten, Estragon unterrühren.
3 Bergkäse unter den Lauchreis rühren. Anrichten. Mit den Zwiebelringen bestreuen.

Krautwickel mit Gerste-Feta-Füllung

8 große Blattmangoldblätter

160 g mittelfeiner Gerstenschrot
3½ dl/350 ml Gemüsebrühe
1 EL Butter
1 kleine Zwiebel, fein gehackt
100 g Steinpilze oder Pleurotus/Kräuterseitlinge (Zuchtpilz), feinblättrig geschnitten
Rosenpaprikapulver
Muskatnuss
1 Prise Korianderpulver
1 EL abgezupfte Thymianblättchen
1 Bund Petersilie, Blättchen von den Stielen gezupft, fein gehackt
100 g Feta, zerdrückt
Kräutersalz

wenig Gemüsebrühe

1 Gerstenschrot und Gemüsebrühe aufkochen, 5 Minuten bei schwacher Hitze köcheln, auf der ausgeschalteten Wärmequelle zugedeckt 30 Minuten ausquellen lassen.
2 Mangoldblätter im Wasser blanchieren, abgießen, mit kaltem Wasser abschrecken, auf einem Küchentuch ausbreiten.
3 Zwiebeln in der Butter andünsten, Pilze, Gewürze und Kräuter 5 bis 10 Minuten dünsten.
4 Backofen auf 220 °C vorheizen.
5 Pilze und zerdrückten Feta mit der Gerste mischen, mit Kräutersalz abschmecken.
6 Etwa 1½ EL der Gerstenmasse auf jedem Mangoldblatt in der Mitte verstreichen, die Längsränder darüberlegen, von der Schmalseite aufrollen. Wickel in die mit Butter eingefettete Gratinform legen, wenig Gemüsebrühe dazugießen.
7 Die Gratinform in der Mitte in den Ofen schieben, Krautwickel bei 220 °C etwa 20 Minuten pochieren.

Tipp

Auch jedes andere Getreide eignet sich für dieses Gericht.

Haferotto mit Kürbis

350 g Haferkörner
ca. 1 l Wasser
1 EL Bratbutter/Butterschmalz oder
Olivenöl extra nativ
1 mittelgroße Zwiebel, fein gehackt
500 g geschälter, entkernter Kürbis, mehlige Sorte,
z. B. Potimarron, klein gewürfelt
1 EL italienische Kräutermischung oder Provencekräuter
½ l Gemüsebrühe
wenig Weißwein, nach Belieben

1 dl/100 ml Rahm/Sahne
frisch gemahlener Pfeffer
Kräutersalz
2 Bund Rucola

600 g geschälter, entkernter kleiner Kürbis, mehlige Sorte, z. B. Potimarron
Bratbutter/Butterschmalz

Getreide

1 Haferkörner und Wasser am Vorabend aufkochen, auf der ausgeschalteten Wärmequelle zugedeckt ausquellen lassen.

2 Zwiebeln in der Bratbutter andünsten, Kürbiswürfelchen kurz mitdünsten, Kräuter darüber streuen, Gemüsebrühe und Weißwein zugeben, aufkochen, bei schwacher Hitze köcheln, bis der Kürbis weich ist.

3 Aus dem restlichen Kürbis Sicheln schneiden (siehe Bild). Sicheln in einer beschichteten Bratpfanne in der Bratbutter bei mittlerer Hitze weich dünsten.

4 Hafer und Rahm zum Kürbisragout geben, kurz köcheln. Eventuell braucht es noch ein wenig Gemüsebrühe. Abschmecken. Am Schluss fein geschnittenen Rucola unterrühren.

5 Haferotto und Kürbissicheln anrichten.

Variante

Hafer durch Reis oder Goldhirse ersetzen. Gleiche Zubereitung.

Polentaplätzchen mit Rosinen

je 2½ dl/250 ml Milch und Wasser
je 1 TL Salz und Rohrohrzucker
½ TL Zimtpulver
100 g feiner Maisgrieß
3 EL Rosinen
wenig Olivenöl extra nativ

2 EL Bratbutter/Butterschmalz

Ahornsirup zum Beträufeln

1 Milch, Wasser, Salz, Rohrohrzucker und Zimt aufkochen, Maisgrieß einrieseln lassen und unter ständigem Rühren zu einem dicken Brei einkochen. Rosinen unterrühren.
2 Den Maisbrei etwa 15 mm hoch in eine mit Butter eingefettete rechteckige Gratinform verteilen. Über Nacht kühl stellen.
3 Die Polenta in rechteckige Stücke schneiden, in der Bratbutter in einer beschichteten Bratpfanne auf beiden Seiten 3 bis 4 Minuten braten.
4 Den Ahornsirup in einem kleinen Krug im Wasserbad erwärmen, zu den Polentaplätzchen servieren.

Tipp

Ist mit einem Früchtekompott eine leichte Mahlzeit.

Quinua-Omelett mit Eierschwämmchen

150 g Quinua
1 Msp Salz, 3 dl/300 ml Wasser
10 g Butter
1 kleine Zwiebel, fein gehackt
1 kleine Knoblauchzehe, durchgepresst
100 g Eierschwämme/Pfifferlinge
2 Freilandeier, verquirlt
30 g Dinkelmehl
1 EL fein gehackte Petersilie
Salz, frisch gemahlener Pfeffer

60 g Butter zum Braten

Safransauce

1 dl/100 ml Gemüsebrühe
1 dl/100 ml Rahm/Sahne
einige Safranfäden oder Safranpulver
30 g kalte Butterstückchen
Salz

1 Quinua, Salz und Wasser aufkochen, bei schwacher Hitze 10 bis 15 Minuten köcheln, auf der ausgeschalteten Wärmequelle zugedeckt 15 Minuten quellen lassen.
2 Eierschwämme je nach Größe klein schneiden. Zwiebeln, Knoblauch und Pilze in der Butter bei starker Hitze dünsten.
3 Eier mit dem Dinkelmehl glattrühren, Quinua, Pilze und Petersilie zufügen, gut mischen, mit Salz und Pfeffer würzen.
4 In einer beschichteten Bratpfanne einen Teil der Butter schmelzen, den Teig portionsweise in die Bratpfanne geben, bei mittlerer Hitze kleine Omeletts braten, diese vorsichtig wenden und auf der zweiten Seite fertig braten. Warm stellen.
5 Für die Sauce Gemüsebrühe, Rahm und Safranfäden aufkochen, bei schwacher Hitze auf die Hälfte einkochen. Butterstückchen unterrühren, mit Salz abschmecken.

Buchweizenauflauf mit Zimtäpfeln

Auflauf

200 g Buchweizen
4 dl/400 ml Apfelsaft, naturtrüb
1 Prise Zimtpulver
ca. 1½ EL Birnendicksaft
1 unbehandelte Zitrone, abgeriebene Schale und Saft
150 g geriebene Mandeln oder Baumnuss-/Walnusskerne
750 g säuerliche Äpfel, z. B. Boskop
ca. 2 EL Rohrohrzucker
reichlich Zimtpulver
20–40 g Butterflocken

Vanillesauce

4 dl/400 ml Milch
1½ EL sehr feines Hirsemehl
1 dl/100 ml Rahm/Sahne
1 Vanilleschote, aufgeschnitten
1 Prise Salz
1 Eigelb von einem Freilandei
1½ EL Akazienblütenhonig

1. Buchweizen, Apfelsaft und Zimtpulver aufkochen, 5 Minuten köcheln, auf der ausgeschalteten Wärmequelle zugedeckt 30 Minuten quellen lassen. Mit Birnendicksaft, Zitronenschalen und -saft abschmecken.
2. Äpfel ungeschält auf der Röstiraffel reiben. Oder Äpfel vierteln und entkernen, Viertel in feine Scheiben schneiden.
3. Backofen auf 200 °C vorheizen.
4. Die Hälfte der Äpfel mit Buchweizen und Mandeln in einer mit Butter eingefetteten Gratinform mischen, restliche Äpfel darüber verteilen, mit Zucker und Zimtpulver bestreuen, mit Butterflocken belegen.
5. Form in der Mitte in den Ofen schieben, Buchweizenauflauf bei 200 °C 15 bis 20 Minuten backen.
6. Für die Vanillesauce Hirsemehl mit der Milch in einer Pfanne glatt rühren, Rahm, Vanilleschote und Salz zugeben, unter Rühren aufkochen, Sauce unter dem Kochpunkt binden. Vanillemark abstreifen und zur Sauce geben. Eigelb mit ein wenig Vanillesauce glattühren, unter die warme, aber nicht kochende Sauce rühren, mit Akazienblütenhonig süßen.

Kastanien-Risotto mit Pilzen

2 EL Olivenöl extra nativ
1 mittelgroße Zwiebel, fein gehackt
200 g Risottoreis
1 dl/100 ml Weißwein
1 Kräutersträußchen, z. B. Salbei, Rosmarin, Thymian, gehackt
7–8 dl/700–800 ml Gemüsebrühe
200 g gekochte Kastanien aus dem Glas oder 200 g tiefgekühlte Kastanien, aufgetaut
1 dl/100 ml Rahm/Sahne
frisch gemahlener Pfeffer
fein gehackte glattblättrige Petersilie
Olivenöl extra nativ zum Beträufeln
geriebener Parmesan oder Sbrinz nach Belieben

2 EL Olivenöl extra nativ
300 g Pilze, z. B. Steinpilze oder weiße oder braune Champignons
Salz
frisch gemahlener Pfeffer

1 Zwiebeln im Öl andünsten, Reis zugeben und glasig werden lassen, Weißwein und Kräuter unterrühren, nach und nach heiße Gemüsebrühe zugeben, immer wieder einkochen lassen. Die Garzeit beträgt etwa 20 Minuten; der Reis soll noch Biss haben. Kastanien aus dem Glas die letzten 5 Minuten mitkochen, tiefgekühlte Kastanien 10 bis 12 Minuten mitkochen. Die Kastanien dürfen zerfallen. Kastanien-Risotto mit Rahm verfeinern, ein wenig einkochen lassen, mit Pfeffer abschmecken.

2 Die Pilze je nach Größe halbieren, vierteln oder in Streifen/Scheiben schneiden, in einer Bratpfanne im heißen Öl braten, mit Salz und Pfeffer abschmecken.

3 Kastanien-Risotto in vorgewärmten Tellern anrichten, Pilze darauf verteilen, Petersilie darüber streuen, mit Olivenöl beträufeln. Käse separat servieren.

Pasta, Gnocchi & Co.

Spinatknöpfli

400 g Weißmehl/Mehl Type 405 oder
400 g Knöpflimehl
1 TL Salz
4 Freilandeier
ca. 1½ dl/150 ml Milchwasser
(halb Wasser/halb Milch)
300–400 g Spinat

Butter
50 g geriebener Schabziger Käse oder Parmesan

1 Spinat tropfnass in den Kochtopf geben, bei starker Hitze zusammenfallen lassen, in ein Sieb geben, Spinat ausdrücken und fein hacken.

2 Mehl, Salz, Eier und Milchwasser glatt rühren, so lange rühren/klopfen, bis der Teig Blasen wirft, Spinat unterrühren. Teig zugedeckt 30 Minuten quellen lassen.

3 In einem großen Kochtopf reichlich Salzwasser erhitzen, Teig portionsweise in das Knöpflisieb geben und in das kochende Salzwasser streichen. Oder den Teig auf ein mit kaltem Wasser abgespültes Holzbrett geben und mit einem Messer ins Wasser schaben. Sobald die Knöpfli/Spätzli an die Oberfläche steigen, mit einem Schaumlöffel herausnehmen, in einem Sieb mit kaltem Wasser abschrecken.

4 Butter schmelzen, Knöpfli darin schwenken, erwärmen, Käse darüber streuen.

Tipp

Die mit kaltem Wasser überbrausten, abgekühlten Knöpfli tiefkühlen. Gefroren in das kochende Salzwasser geben, an die Oberfläche steigen, etwa 1 Minute ziehen lassen, mit dem Schaumlöffel herausnehmen.

Pizokel mit buntem Gemüse

Pizokelteig

2 Freilandeier
1 TL Salz
ca. 1 dl/100 ml Wasser
120 g Buchweizenmehl
120 g Dinkel- oder Weizenweißmeh/
Mehl Type 630/405

Gemüse

300 g Karotten
200 g grüne Bohnen
250 g Knollensellerie
300 g fest kochende Kartoffeln
200 g Wirz/Wirsing
150 g großblättriger Spinat

1 Knoblauchzehe, einige Salbeiblätter
50 g geriebener Käse

1 Für die Pizokel Eier, Salz, Wasser und Mehl zu einem zähflüssigen Spätzliteig rühren. Eine Stunde zugedeckt ruhen lassen.

2 Karotten schälen, in Scheiben schneiden. Bei den Bohnen den Stielansatz wegschneiden, gleichzeitig den zähen Faden abziehen, je nach Größe halbieren. Sellerie und Kartoffeln schälen und würfeln. Beim Wirz Strunk entfernen, die Blätter in Streifen schneiden, Spinat grob zerkleinern.

3 Karotten, Bohnen, Sellerie und Kartoffeln im Dampf knackig garen, Wirz und Spinat die letzten 5 Minuten mitgaren, mit Salz würzen. Warm halten.

4 Für die Pizokel reichlich Salzwasser in einem großen Topf erhitzen. Ein Holzbrett kurz in das kochende Wasser tauchen, eine Portion Teig darauf geben, mit einem Messer Teigstreifen ins Wasser schaben. Pizokel an die Oberfläche steigen lassen, mit einem Schaumlöffel herausnehmen und warm stellen.

5 Den Knoblauch und den Salbei fein hacken, mit dem Käse vermengen.

6 Gemüse und Pizokel mischen, anrichten, Käsemischung darüber verteilen.

Kastanienknöpfli mit Lauch und Pilzen

Knöpfliteig

200 g Dinkelweißmehl/Mehl Type 630
200 g Kastanienmehl
(aus luftgetrockneten Kastanien)
4 Freilandeier
2 dl/200 ml Milch
1 TL Salz

2 große Lauchstangen
wenig Gemüsebrühe
300–400 g Pilze
2 EL Olivenöl extra nativ
frisch gemahlener Pfeffer, Kräutersalz
fein gehackte Kräuter,
z. B. Thymian, Majoran, Rosmarin

geriebener Sbrinz oder
Pecorino oder Parmesan

1 Mehl, Eier, Milch und Salz glattrühren. Teig 30 Minuten zugedeckt ruhen lassen.
2 Grobfasrige Teile beim Lauch entfernen, Stangen längs halbieren und quer in Streifen schneiden, in der Gemüsebrühe knackig dünsten.
3 Pilze je nach Größe halbieren, vierteln oder in Streifen schneiden, in einer Bratpfanne im Öl dünsten, würzen.
4 In einem großen Kochtopf reichlich Salzwasser erhitzen, Teig portionsweise in das Knöpflisieb geben und in das kochende Salzwasser streichen. Oder den Teig auf ein mit kaltem Wasser abgespültes Holzbrett geben und mit einem Messer ins Wasser schaben. Sobald die Knöpfli/Spätzli an die Oberfläche steigen, mit einem Schaumlöffel herausnehmen, in einem Sieb mit kaltem Wasser abschrecken.
5 Kastanienknöpfli und Lauch zu den Pilzen geben, erhitzen, mit Salz, Pfeffer und Kräutern abschmecken. Käse separat servieren.

Überbackene Käsegnocchi

½ l Milch
100 g Butter
200 g Dinkelweißmehl/ Mehl Type 630
4 Freilandeier
200 g geriebener Sbrinz
Muskatnuss
frisch gemahlener Pfeffer

Béchamelsauce

2 EL Dinkelweißmehl
2 dl/200 ml Milch
1 dl/100 ml Rahm/Sahne
frisch geriebene Muskatnuss
2 EL fein gehackter Kerbel
2 EL fein gehackte Petersilie

1 Für die Gnocchi Milch und Butter erhitzen, Kochtopf von der Wärmequelle nehmen. Mehl im Sturz zugeben, glattrühren, auf der Wärmequelle weiterrühren, bis sich ein fester Teigkloß gebildet hat, ein wenig abkühlen lassen. Eier verquirlen, nach und nach unter den Teigkloß arbeiten. Käse (6 EL zum Überbacken zurückbehalten) in den Gnocchiteig einarbeiten, würzen. Aus dem Teig baumnuss-/walnussgroße Kugeln formen, auf ein Küchentuch legen.

2 In einem Kochtopf reichlich Salzwasser erhitzen, die Gnocchi portionsweise in das kochende Wasser geben, sobald sie an die Oberfläche steigen, mit einem Schaumlöffel herausnehmen, nebeneinander in eine mit Butter eingefettete große Gratinform oder in Portionenformen geben.

3 Backofen auf 210 °C vorheizen.

4 Für die Béchamelsauce Mehl und Milch in einer Pfanne glattrühren, Rahm zugeben, unter Rühren aufkochen, einige Minuten köcheln, würzen, Kräuter zufügen. Sauce über die Gnocchi verteilen. Restlichen Käse darüber streuen.

5 Käsegnocchi in der Mitte in den Ofen schieben, bei 210 °C 15 bis 20 Minuten überbacken.

Pappardelle

mit grünem Spargel und Zitronen-Mascarpone

1 Bund grüner Spargel
400 g Pappardelle (breite Bandnudeln)
50 g Mascarpone
Salz
frisch gemahlener Pfeffer
1 unbehandelte Zitrone, abgeriebene Schale und Saft
2 EL Olivenöl extra nativ

1. Beim grünen Spargel die Schnittstelle großzügig abschneiden, Stangen je nach Dicke längs halbieren oder vierteln.
2. Mascarpone mit Salz, Pfeffer und Zitronenschale herzhaft würzen, mit Zitronensaft abschmecken.
3. Pappardelle in reichlich Salzwasser al dente kochen, Spargel die letzten 5 bis 6 Minuten mitkochen. 2 Esslöffel Kochwasser unter den Mascarpone rühren. Topfinhalt in ein Sieb abgießen.
4. Mascarpone und heiße Pappardelle-Spargel-Mischung vermengen, mit Olivenöl abschmecken. Anrichten. Sofort servieren.

Zitronenaroma

Es kann verstärkt werden, wenn man das Olivenöl durch Limonenöl ersetzt.

Strozzapreti **mit frischen Erbsen**

300–400 g Strozzapreti oder Penne/Federn

4 EL Olivenöl extra nativ
1 mittelgroße Zwiebel, in feinen Scheiben
1 roter Peperoncino, entkernt, in Streifchen
1 kg Erbsenschoten, Erbsen ausgelöst
ca. 1 dl/100 ml Kochwasser der Strozzapreti
geriebener Parmesan oder Pecorino nach Belieben
Olivenöl extra nativ zum Beträufeln

1. Zwiebeln im Öl andünsten, Peperoncino und Erbsen zufügen, 5 Minuten bei schwacher Hitze dünsten.
2. Strozzapreti in reichlich Salzwasser al dente kochen, 1 dl/100 ml Wasser entnehmen, zu den Erbsen geben. Strozzapreti abgießen, mit den Erbsen vermengen.
3. Strozzapreti anrichten, Parmesan darüber streuen, mit Olivenöl beträufeln.

Variante

Erbsen durch Kefen/Zuckerschoten ersetzen.

Spaghetti **mit Gorgonzola**

300–400 g Pasta, Spaghetti, Penne usw.

Sauce

2 Knoblauchzehen
Baumnuss-/Walnusskerne, grob gehackt
2 dl/200 ml Weißwein
200 g Gorgonzola
frisch gemahlener Pfeffer oder
1 großer roter Peperoncino

1 Pasta in reichlich Salzwasser al dente kochen, abgießen.
2 Knoblauchzehen halbieren, Kochtopf mit dem Knoblauch ausreiben. Nüsse, Weißwein und Gorgonzola in den Kochtopf geben, Käse bei schwacher Hitze schmelzen, mit Pfeffer oder fein gehacktem Peperoncino abschmecken.
3 Pasta zur Sauce geben, gut vermengen, erhitzen. Sofort servieren.

Spaghetti **mit Kürbis-Tomaten-Sauce**

300–400 g Spaghetti

Sauce

4 EL Olivenöl extra nativ
1 große Zwiebel, gehackt
2 Knoblauchzehen, gehackt
1 kg fruchtiger Kürbis
1–2 Sträußchen Petersilie
500 g Pelati mit Saft (aus der Dose)
2–3 dl/200–300 ml Gemüsebrühe
frisch gemahlener Pfeffer

1 Kürbis schälen, entkernen und in Würfel schneiden. Petersilie von den Stielen zupfen und hacken. Bei den Pelati den Stielansatz entfernen, zerkleinern.
2 Zwiebeln und Knoblauch im Öl andünsten, Kürbis, Kräuter, Tomaten und Gemüsebrühe zugeben, etwa 12 Minuten bei schwacher Hitze köcheln, Sauce mit Pfeffer abschmecken.
3 Spaghetti in reichlich Salzwasser al dente kochen, abgießen. Spaghetti mit der Sauce vermengen.

Tagliatelle mit Barba di Frate und Pesto

300–400 g Tagliatelle/Nudeln
ca. 1 kg Barba di Frate
4 EL Olivenöl extra nativ

Nusspesto

2 Bund Bärlauch oder glattblättrige Petersilie
1½ dl/150 ml Olivenöl extra nativ
100 g Baumnuss-/Walnusskerne
60 g Pecorino oder Sbrinz am Stück, zerkleinert
3 Knoblauchzehen, grob gehackt
Salz
frisch gemahlener Pfeffer

1 Für den Nusspesto Bärlauch in Streifen schneiden oder Petersilie von den Stielen zupfen, zusammen mit Olivenöl, Nüssen, Käse und Knoblauchzehen zu einer nicht zu feinen Paste mixen, mit Salz und Pfeffer abschmecken.

2 Wurzeln der Barba di Frate großzügig abschneiden, Gemüse unter fließendem Wasser gut waschen, damit möglichst aller Sand ausgeschwemmt wird.

3 In einem großen Kochtopf reichlich Salzwasser erhitzen, Tagliatelle zugeben und al dente kochen, Barba di Frate die letzten 4 Minuten mitkochen, abgießen, in einer vorgewärmten Schüssel mit dem Olivenöl vermengen, sofort in vorgewärmten Tellern anrichten. Einen Esslöffel Pesto darauf geben oder separat servieren.

Barba di Frate

Findet man im frühen Frühling auf dem Gemüsemarkt beim Italiener oder im Delikatessenladen. Barba di Frate stammt aus der Toskana.

Penne mit Bohnen und Kefen

300–350 g gerillte Penne
600–800 g feine grüne Bohnen mit
Kefen/Zuckerschoten, gemischt
Olivenöl extra nativ

Pesto

2 Handvoll Basilikumblätter
2 Handvoll abgezupfte glattblättrige Petersilie
1 Handvoll Baumnuss-/Walnusskerne
2 EL geriebener Sbrinz oder Parmesan
1½ dl/150 ml Olivenöl extra nativ
Salz
frisch gemahlener Pfeffer

1 Stielansatz bei Bohnen und Kefen abschneiden, gleichzeitig den zähen Faden abziehen, quer halbieren.

2 Für den Pesto Basilikum, Petersilie, Nüsse, Käse und Olivenöl grob mixen, würzen.

3 Penne mit dem Gemüse in reichlich Salzwasser knackig garen, abgießen (das Kochwasser ist reich an Mineralstoffen, deshalb auffangen und für eine Suppe verwenden).

4 Penne-Gemüse-Mix mit wenig Olivenöl abschmecken. Sofort servieren. Pesto separat servieren.

Pesto

Wenn man für die Zubereitung ein wenig Penne-Kochwasser verwendet, braucht es entsprechend weniger Öl. Je nach Saison den Pesto mit Bärlauch oder Rucola zubereiten. Gemüse durch Spinat oder Brokkoli ersetzen.

Spaghetti mit Pilzsauce

350 g dicke Spaghetti

2 EL Olivenöl extra nativ
400 g Austernseitlinge, in Streifen
1 kleine Zwiebel, fein gehackt
frisch gemahlener Pfeffer
frischer oder getrockneter Majoran
wenig Peperoncino, fein gehackt,
oder Cayennepfeffer
Gemüsebrühe
2 große Tomaten, geschält (Seite 79), gewürfelt
Petersilie, fein gehackt
1 Prise Paprikapulver
1 TL Olivenöl extra nativ

1 Spaghetti in reichlich Salzwasser al dente kochen, abgießen, mit kaltem Wasser abschrecken.
2 Für die Sauce das Olivenöl erhitzen, Austernseitlinge und Zwiebeln zugeben und kräftig anbraten, mit Pfeffer, Majoran und Peperoncino würzen, kurz weiterdünsten, mit wenig Gemüsebrühe ablöschen, aufkochen, 10 Minuten köcheln, Tomaten zugeben, erhitzen, Spaghetti und Petersilie unterrühren, erhitzen, mit Paprika und Olivenöl abrunden.

Spaghetti mit scharfer Tomatensauce

400 g nicht zu feine Spaghetti

4 EL Olivenöl extra nativ
1 mittelgroße Zwiebel, fein gehackt
2 Knoblauchzehen, fein gehackt
2 rote Peperoncini/Pfefferschoten
1 kg sonnengereifte Tomaten, geschält (Seite 79)
Salz
frisch gemahlener Pfeffer
Oregano
1 Handvoll entsteinte schwarze Oliven

glattblättrige Petersilie für die Garnitur

1. Peperoncini aufschneiden, eventuell entkernen, in Streifchen schneiden. Stielansatz der Tomaten kreisförmig herausschneiden, zerkleinern.
2. Zwiebeln, Knoblauch und Peperoncini im Olivenöl andünsten, Tomaten zugeben und bei schwacher Hitze weich garen, abschmecken mit Salz, Pfeffer und Oregano, Oliven unterrühren.
3. Spaghetti in einem großen Kochtopf in reichlich Salzwasser al dente kochen, abgießen, mit der Sauce vermengen, nochmals erhitzen. Mit der Petersilie garnieren.

Nudelpfanne Shanghai

240 g sehr feine Bandnudeln

4 EL Olivenöl extra nativ
2 Knoblauchzehen, fein gehackt
300 g Karotten
300 g Zucchini
2 EL Mohnsamen
1 Handvoll grobe Kokosraspel
1 EL scharfe Currymischung
1 Msp Ingwerpulver
Kräutersalz
frisch gemahlener Pfeffer

1. Die Zucchini beidseitig kappen. Die Karotten schälen. Von den Zucchini und den Karottten mit dem Sparschäler Streifen abziehen, diese längs halbieren oder dritteln.
2. In einer weiten Pfanne Knoblauch im Öl andünsten, Karotten und Zucchini mitdünsten, Mohnsamen, Kokosraspel, Curry und Ingwer zugeben, das Gemüse 1 bis 2 Minuten knackig garen, mit Salz und Pfeffer würzen.
3. Die Nudeln in einem großen Topf in reichlich Salzwasser al dente kochen, abgießen.
4. Nudeln und Gemüse mischen. Anrichten.

Penne mit Brokkoli und Pinienkern-Pesto

2 EL Olivenöl extra nativ
300 g Penne/Federn
600–800 g Brokkoli

Pesto

1 dl/100 ml Olivenöl extra nativ
2 Bund Rucola oder Basilikum
2 EL Pinienkerne
2 Knoblauchzehen, grob gehackt
Salz
frisch gemahlener Pfeffer
wenig Zitronensaft
wenig Kochwasser der Penne

1. Für den Pesto Rucola oder abgezupfte Basilikumblättchen mit Olivenöl, Pinienkernen und Knoblauchzehen nicht zu fein pürieren, würzen.
2. Beim Brokkoli den Strunk/Stiel abschneiden (für eine Suppe verwenden), Blumen in Röschen teilen.
3. In einem großen Kochtopf reichlich Salzwasser mit dem Olivenöl erhitzen, Penne al dente kochen, Brokkoli die letzten 4 bis 6 Minuten mitkochen. Den Topfinhalt abgießen, Kochwasser auffangen und für eine Suppe verwenden.
4. Sauce je nach Konsistenz mit ein wenig Kochwasser verdünnen.
5. Penne-Brokkoli-Mischung mit dem Pesto mischen, in vorgewärmten Tellern anrichten.

Variante

Für feurige Penne wenig gehackten Peperoncino unter den Pesto rühren. Oder einen kleinen getrockneten Peperoncino verreiben und unter den Pesto rühren. Pasta mit geriebenem Käse nach Wahl, z. B. Sbrinz, Pecorino oder Parmesan bestreuen.

Lasagne mit Tomaten-Tofu-Füllung

300 g Lasagneblätter

Sauce

3 EL Olivenöl extra nativ
1 große Zwiebel, fein gehackt
2–3 Knoblauchzehen, fein gehackt
1 kg Tomaten, geschält (Seite 79)
400 g weicher Tofu
Salz
frisch gemahlener Pfeffer
fein gehackte Gartenkräuter

Béchamelsauce

2 EL Butter
2 EL Mehl
2 dl/200 ml Rahm/Sahne
2 dl/200 ml Gemüsebrühe
frisch gemahlener Pfeffer

1 Lasagneblätter in reichlich Salzwasser al dente kochen, abgießen, mit kaltem Wasser abschrecken.
2 Stielansatz der Tomaten kreisförmig herausschneiden, Tomaten grob hacken. Tofu grob hacken. Zwiebeln und Knoblauch im Olivenöl andünsten, Tomaten zufügen, 10 Minuten köcheln, Tofu unterrühren. Sauce kräftig würzen. Kräuter unterrühren.
3 Für die Béchamelsauce die Butter zerlassen, Mehl zugeben, unter Rühren andünsten, Rahm und Gemüsebrühe zugeben, unter Rühren 5 Minuten köcheln, mit Pfeffer abschmecken.
4 Backofen auf 200 °C vorheizen.
5 Eine rechteckige Gratinform einfetten. Den Boden der Form mit der Béchamelsauce bedecken, Lasagneblätter darauf legen, mit Béchamelsauce bedecken, fortfahren mit Lasagneblätter, Tomatensauce, mit der Béchamelsauce abschließen.
6 Lasagne auf mittlerer Schiene in den Ofen schieben, bei 200 °C 40 bis 50 Minuten backen.

Tortiglioni mit Tomaten-Erbsen-Nuss-Sauce

400 g Tortiglioni oder Penne/Federn

2 EL Olivenöl extra nativ
1 mittelgroße Zwiebel, fein gehackt
1 Bund Frühkarotten
600 g Fleischtomaten, geschält (Seite 79)
2 Rosmarinzweiglein, Nadeln abgestreift
2 Thymianzweiglein, Blättchen abgezupft
1 dl/100 ml Rotwein
2 Lorbeerblätter
2 Handvoll ausgelöste grüne Erbsen
2 EL gehackte glattblättrige Petersilie
50 g gehackte Baumnuss-/Walnusskerne

1 Frühkarotten nicht schälen, nur unter fließendem Wasser bürsten, auf der Röstiraffel reiben. Stielansatz der Tomaten kreisförmig herausschneiden, Tomaten vierteln oder achteln.

2 Zwiebeln und Karotten im Olivenöl andünsten, Tomaten und Kräuter einige Minuten mitdünsten, mit Rotwein ablöschen, Lorbeerblätter zufügen, bei schwacher Hitze zu einer Sauce einköcheln, je nach Konsistenz ein wenig Wasser oder Rotwein unterrühren. Lorbeerblätter entfernen. Vor dem Servieren Erbsen zugeben, 3 Minuten köcheln, Kräuter und Nüsse unterrühren.

3 Tortiglioni in reichlich Salzwasser al dente kochen, abgießen, zur Sauce geben, vermengen, anrichten.

Variante

50 g leicht geröstete, geriebene Baumnuss-/Walnusskerne, 4 EL geriebener Pecorino oder Sbrinz und je 4 EL Olivenöl extra nativ und Baumnuss-/Walnussöl verrühren, mit Salz würzen, je nach Konsistenz mit Rahm/Sahne verdünnen. Mit den heißen Teigwaren mischen, in vorgewärmten Tellern anrichten, sofort servieren.

Rote Spaghetti an Roquefortsauce

1,2 l Wasser
2 l Randen-/Rote-Bete-Saft
300–400 g dicke Spaghetti

Sauce
1 dl/100 ml Milch
½ dl/50 ml Wasser
1 TL Maisstärke
100 g Roquefort, zerbröckelt
3–4 EL grob gehackte Baumnuss-/Walnusskerne
1 dl/100 ml Rahm/Sahne

100 g Roquefort zerbröckelt

1 Für die Sauce Milch, Wasser sowie Maisstärke in einer Pfanne glattrühren, zerbröckelten Roquefort (100 g) zugeben, bei schwacher Hitze erwärmen, Nüsse unterrühren, mit Rahm verfeinern.
2 Für die Spaghetti Wasser und Randensaft aufkochen, salzen, Spaghetti zugeben und al dente kochen. Abgießen. Sofort anrichten, die heiße Sauce darüber gießen, mit restlichem Roquefort bestreuen.

Muscheln mit Ricotta und Spinat

300–400 g Teigwarenmuscheln

300–400 g Winterspinat mit Stiel
2 Handvoll Baumnuss-/Walnusskerne
400 g Ricotta
2 EL Olivenöl extra nativ
4 EL Kochwasser der Muscheln

Sbrinz oder Parmesan

1 Spinat waschen und trocken schleudern, mit den Nüssen mittelgrob hacken, Ricotta und Olivenöl unterrühren, mit Pfeffer abschmecken.
2 Muscheln in reichlich Salzwasser al dente kochen, wenig Kochwasser entnehmen, Muscheln abgießen.
3 So viel Kochwasser unter die Frischkäsemasse rühren, bis die Sauce sämig ist. Über die Muscheln verteilen. Käse separat servieren.

Spiralen mit Peperonipesto

400 g Orecchiette

Peperonipesto

Je 4 rote und gelbe Peperoni/Paprikaschoten
1 dl/100 ml Olivenöl extra nativ
2 Sträußchen glattblättrige Petersilie
2 EL eingelegte große Kapern
Salz
frisch gemahlener Pfeffer
wenig Kochwasser der Orecchiette

Rucola für die Garnitur
gehobelter Pecorino oder Sbrinz für die Garnitur

1 Ganze Peperoni im Backofen bei 220 °C etwa 30 Minuten backen, bis die Haut fast schwarz ist und Blasen wirft. Peperoni mit einem feuchten Tuch zudecken und abkühlen lassen, schälen und halbieren, Stielansatz und Kerne entfernen, mit dem Olivenöl nicht zu fein pürieren. Petersilie von den Stielen zupfen und hacken, mit den Kapern zum Pesto geben, mit Salz und Pfeffer würzen. Vor dem Servieren je nach Konsistenz mit Teigwarenwasser verdünnen.
2 Die Spiralen in reichlich Salwasser al dente kochen, abgießen, mit dem Pesto erhitzen, garnieren mit Rucola und Pecorino.

Orecchiette mit Artischocken

400 g Orecchiette oder Pasta nach Wahl
1 kg kleine Artischocken vom Markt
1 dl/100 ml Kochwasser der Orecchiette
4–6 EL Olivenöl extra nativ
1 Bund glattblättrige Petersilie,
Blätter von den Stielen gezupft und fein gehackt
2 EL abgezupfte Thymianblättchen
4 EL geriebener Sbrinz oder Parmesan
Salz
frisch gemahlener Pfeffer

1 Bei kleinen Artischocken die Blätter auf die Hälfte kürzen, so viele Hüllblätter abschneiden/abbrechen, bis nur noch die feinen, zarten Blätter übrig bleiben. Bei kleinen Artischocken muss das Heu nicht entfernt werden. In wenig Salzwasser 8 Minuten kochen, in ein Sieb abgießen.
2 Orecchiette in reichlich Salzwasser al dente kochen. einen Schöpflöffel Kochwasser entnehmen. Orecchiette abgießen.
3 Orecchiette und Artischocken mit dem Kochwasser vorsichtig erhitzen, Olivenöl, gehackte Kräuter sowie Käse unterrühren, mit Salz und Pfeffer abschmecken. Anrichten.

Kartoffeln

Gnocchi mit Nüssen überbacken

500 g mehlig kochende Kartoffeln
2 Eigelbe von Freilandeiern
Salz
frisch gemahlener Pfeffer
Muskatnuss
ca. 100 g Dinkelweißmehl/Mehl Type 630

flüssige Butter

Nusspanade
50 g gehackte Baumnuss-/Walnusskerne
2 EL Paniermehl/Semmelbrösel
2 EL Wasser
½ dl/50 ml Rahm/Sahne
1 Knoblauchzehe
Salz
frisch gemahlener Pfeffer

1 Die Kartoffeln schälen und in Würfel schneiden, im Dampf weich garen, noch heiß durch das Passevite/die Flotte Lotte drehen. Eigelbe unterrühren, würzen. So viel Mehl einarbeiten, bis der Teig geschmeidig ist.

2 Aus der Kartoffelmasse auf bemehlter Arbeitsfläche etwa 2 cm dicke Rollen formen, daraus 3 cm lange Stücke schneiden, mit einer Gabel ein Muster eindrücken.

3 In einem großen Kochtopf Salzwasser erhitzen, Gnocchi im schwach kochenden Wasser portionsweise ziehen lassen, bis sie an die Oberfläche steigen. Mit dem Schaumlöffel herausnehmen, in die mit Butter eingefettete Gratinform verteilen. Mit flüssiger Butter bepinseln.

4 Backofen auf 210 °C vorheizen.

5 Für die Panade Nüsse, Paniermehl, Wasser und Rahm verrühren, Knoblauchzehe dazupressen, mit Salz und Pfeffer würzen. Über die Gnocchi verteilen. Im Ofen bei 210 °C 10 Minuten überbacken.

Rosenkohl-Kartoffel-Pfanne

4 EL Olivenöl extra nativ
1 mittelgroße Zwiebel, fein gehackt
2 Knoblauchzehen, fein gehackt
800 g Rosenkohl
2 Rosmarinzweiglein
2 Thymianzweiglein
800 g mittelgroße fest kochende Kartoffeln
ca. 2 dl/200 ml Gemüsebrühe
Salz
frisch gemahlener Pfeffer
2 unbehandelte Zitronen, abgeriebene Schale
1 Bund Rucola oder
2 Bund Petersilie
2 EL Olivenöl extra nativ

1 Rosenkohl putzen, große Köpfchen halbieren oder vierteln. Kartoffeln schälen, längs vierteln oder achteln. Rosmarinnadeln von den Stielen streifen. Thymianblättchen von den Stielen zupfen.

2 Zwiebeln und Knoblauch im Olivenöl andünsten, Rosenkohl und Kräuter mitdünsten, Kartoffeln zugeben, mit der Gemüsebrühe ablöschen, bei schwacher Hitze weich garen, mit Salz, Pfeffer und Zitronenschalen abschmecken.

3 Rosenkohl-Kartoffel-Gemüse anrichten, mit dem Rucola garnieren. Das Olivenöl darüber träufeln.

Variante

Rucola durch frisch geriebenen Meerrettich ersetzen.

Kartoffel-Karotten-Pfanne mit Meerrettichschaum

2 EL Butter
1 mittelgroße Zwiebel, gehackt
600 g fest kochende Kartoffeln
600 g Karotten
½ l Gemüsebrühe
2 Msp Paprikapulver
2 Prisen Muskatnuss
Kräutersalz
fein gehackte glattblättrige Petersilie

Meerrettichschaum
1 Stück Meerrettich
200 g Crème fraîche
wenig fein gehackte Petersilie
Salz

1. Kartoffeln und Karotten schälen, Kartoffeln in Würfelchen, Karotten in Stäbchen schneiden.
2. Zwiebeln in der Butter andünsten, Karotten mitdünsten, Kartoffeln zugeben, mit der Gemüsebrühe ablöschen, aufkochen, bei schwacher Hitze 15 Minuten kochen, bis das Gemüse gar ist. Würzen. Petersilie unterrühren.
3. Meerrettich schälen und auf der Bircherreibe zur Crème fraîche reiben, mit Salz und Petersilie abschmecken.

Knusprige Bratkartoffeln

mit Zwiebeln, Kräutern und Kürbiskernen

4 EL Olivenöl extra nativ
2 mittelgroße Zwiebeln
800 g gekochte Schalenkartoffeln
3 frische Lorbeerblätter
1 junger Rosmarinzweig, Nadeln abgestreift
4 Salbeiblätter, in Streifen
1 EL abgezupfte Thymianblättchen
2–3 EL Kürbiskerne
Kräutersalz
Kürbiskernöl

Sesamkartoffeln

ca. 800 g Frühkartoffeln
4 EL weiße (geschälte) Sesamsamen
Kräutersalz
Olivenöl extra nativ

Sesamkartoffeln

1. Backofen auf 220 °C vorheizen. Backblech mit Backpapier belegen und mit Salz bestreuen.
2. Die Kartoffeln ungeschält längs halbieren, ein paar Mal tief einschneiden (siehe Bild). Die Schnittfläche in die Sesamsamen drücken, mit der Schnittfläche unten auf das Backpapier legen. Kartoffeln mit Olivenöl bepinseln.
3. Blech in der Mitte in den Ofen schieben, Kartoffeln bei 220 °C je nach Größe 20 bis 25 Minuten backen.

Tipp

Mit der Frischkäsecreme (Seite 142) servieren.

Knusprige Bratkartoffeln

1. Zwiebeln schälen und in feine Scheiben schneiden. Kartoffeln schälen, längs vierteln oder in Würfel schneiden.
2. In einer beschichteten Bratpfanne Zwiebeln im Öl andünsten, Kartoffeln und Lorbeerblätter zugeben, unter Rühren 10 Minuten braten. Kräuter und Kürbiskerne zugeben, kurz weiterbraten, mit Salz abschmecken, mit Kürbskernöl beträufeln.

Grünes Kartoffelpüree mit Gemüse-Pilz-Ragout

1 kg mehlig kochende Kartoffeln
2 dl/200 ml Milch
4 EL Rahm/Sahne
2 EL Butter
Salz
Muskatnuss
1 Tasse gehackter Rucola oder Kerbel oder glattblättrige Petersilie oder Basilikum

Basilikum für die Garnitur

Gemüse-Pilz-Ragout

4 EL Butter
4 Steinpilze, in Streifen
4 Karotten
2 Handvoll Kefen/Zuckerschoten
2 Handvoll grüne Bohnen
je 2 gelbe und grüne Zucchini
Weißwein oder Gemüsebrühe
Salz, frisch gemahlener Pfeffer
Rahm/Sahne zum Verfeinern

1 Karotten schälen, in Scheiben schneiden. Bei den Kefen und Bohnen den Stielansatz wegschneiden, gleichzeitig den zähen Faden abziehen, eventuell halbieren. Zucchini beidseitig kappen, längs halbieren, in Scheiben schneiden.

2 Kartoffeln schälen und in Würfel schneiden, im Dampf weich garen, heiß durch das Passevite/die Flotte Lotte drehen. Milch, Rahm und Butter erhitzen, Kartoffeln unterrühren, würzen, je nach Konsistenz mehr Rahm unterrühren. Kräuter zugeben.

3 Pilze in 2 EL Butter kräftig dünsten, beiseite stellen. In der gleichen Pfanne Karotten, Kefen, Bohnen und Zucchini in der restlichen Butter andünsten, mit ein wenig Weißwein ablöschen, mit Salz und Pfeffer würzen, das Gemüse knackig dünsten. Pilze zufügen. Mit Rahm verfeinern.

4 Das Gemüse-Pilz-Ragout auf Teller verteilen, Kartoffelpüree darauf anrichten. Mit Basilikum garnieren.

Lorbeerkartoffeln mit Frischkäsecreme

600–800 g neue Kartoffeln oder
kleine fest kochende Lagerkartoffeln
frische Lorbeerblätter
Olivenöl extra nativ
weiße Sesamsamen nach Belieben

Kürbiskernöl zum Beträufeln

Frischkäsecreme

200 g Ziegen- oder Kuhmilchfrischkäse
1 EL Zitronensaft
je 1 EL Olivenöl extra nativ und Kürbiskernöl
2 EL Rahm/Sahne
1 kleine Schalotte, fein gehackt
Salz
frisch gemahlener Pfeffer

1. Backofen auf 200 °C vorheizen.
2. Kartoffeln längs tief einschneiden. In die Einschnitte ein Lorbeerblatt stecken. Kartoffeln auf ein Blech legen, wenig Olivenöl darüber träufeln, mit Sesamsamen bestreuen. Im Backofen bei 220 °C 30 Minuten backen. Nadelprobe machen.
3. Frischkäse, Zitronensaft, Oliven- und Kürbiskernöl und Rahm glattrühren, Schalotten zufügen, mit Salz und Pfeffer abschmecken.
4. Am Tisch ein wenig Kürbiskernöl über die Kartoffeln träufeln.

Nuss-Kartoffel-Pastete

für 2 Cake-/Kastenformen von 15 cm Länge

500 g mehlig kochende Kartoffeln
100 g grob gehackte Baumnuss-/Walnusskerne
120 g geriebener Gruyère oder anderer Reibkäse
3 Freilandeier, Eigelb und Eiweiß getrennt
1 TL eingelegte grüne Pfefferkörner
1 TL Salz
1 EL gehackte Kräuter, z. B. Basilikum, Bärlauch oder glattblättrige Petersilie

1 Kartoffeln in der Schale im Dampf weich garen. Heiß schälen und durch das Passevite/die Flotte Lotte drehen. Nüsse, Käse, Eigelbe und Pfefferkörner unterrühren, mit Salz und Kräutern würzen. Das Eiweiß zu Schnee schlagen, unter die Kartoffelmasse ziehen, Kartoffelmasse in die mit Butter eingefetteten Formen füllen.
2 Nuss-Kartoffel-Pasteten in der Mitte in den auf 180 °C vorgeheizten Backofen schieben, 30 bis 40 Minuten backen. Auskühlen lassen.

Tipp

Mit Crème fraîche servieren, die man mit reichlich frisch gehackten Kräutern anreichert und mit Salz und Pfeffer abschmeckt.

Kartoffelpfanne provençale

400 g grüne Peperoni/Paprikaschoten
600 g fest kochende mittelgroße Kartoffeln
250 g rote Zwiebeln
2 Knoblauchzehen, in Scheiben
2 EL getrocknete Provencekräuter
4 EL Olivenöl extra nativ
1 unbehandelte Zitrone, in Scheiben
2 Handvoll schwarze Oliven
Kräutersalz
frisch gemahlener Pfeffer

1 Backofen auf 220 °C vorheizen.
2 Peperoni halbieren, Stielansatz und Kerne entfernen, Schotenhälften quer in Streifen schneiden. Kartoffeln und Zwiebeln schälen und längs vierteln.
3 Alle Zutaten in einer Gratinform mischen, mit Kräutersalz und Pfeffer würzen.
4 Kartoffelpfanne im vorgeheizten Ofen bei 220 °C etwa 35 Minuten backen.

Indisches Auberginen-Kartoffel-Ragout

3 EL Olivenöl extra nativ
1 mittelgroße Zwiebel
500 g Auberginen
500 g fest kochende Kartoffeln
1–2 EL milde Currymischung
wenig Kurkuma für die Farbe, nach Belieben
4 dl/400 ml Gemüsebrühe
4 EL Crème fraîche oder Naturjogurt

2–3 EL gehackte glattblättrige Petersilie
abgezupfte Thymianblättchen nach Belieben
trocken geröstete Pinien- oder Cashewkerne
für die Garnitur

1 Zwiebel schälen und in Ringe schneiden. Auberginen beidseitig kappen, in mittelgroße Würfel schneiden. Kartoffeln schälen und in gleich große Würfel wie die Auberginen schneiden.

2 Zwiebeln im Öl andünsten, Auberginen mitdünsten, Kartoffeln zugeben, Curry und Kurkuma darüber streuen, mit einem Teil der Gemüsebrühe ablöschen, bei schwacher Hitze etwa 15 Minuten köcheln, bis die Auberginen und die Kartoffeln weich sind, je nach Flüssigkeitsstand Gemüsebrühe zugeben. Crème fraîche, Petersilie und Thymian unterrühren. Mit den gerösteten Kernen bestreuen.

Gemüse

Kürbisauflauf provençale

800 g geschälter, entkernter Kürbis, fruchtige Sorte
1 dl/100 ml Olivenöl extra nativ
1 mittelgroße Zwiebel, fein gehackt
1 grüner Peperoni/Paprikaschote
4 feste Tomaten, geschält (Seite 79), gewürfelt

Guss

2 Freilandeier
2 dl/200 ml Rahm/Sahne
150 g geriebener Parmesan oder Pecorino
Salz
frisch gemahlener Pfeffer
4 EL Brotbrösel oder Paniermehl
reichlich frische Kräuter, z. B. Thymian
und Rosmarin, fein gehackt
100 g entsteinte schwarze Oliven

1 Kürbis in mittelgroße Würfel schneiden. Peperoni halbieren, Stielansatz und Kerne entfernen, Schotenhälften in mittelgroße Vierecke schneiden.

2 Kürbis in 2 EL Olivenöl andünsten, in eine eingefettete Gratinform verteilen, leicht salzen.

3 Zwiebeln und Peperoni in der Kürbispfanne im restlichen Olivenöl einige Minuten dünsten, Tomaten kurz mitdünsten, zum Kürbis geben, vermengen.

4 Backofen auf 200 °C vorheizen.

5 Eier und Rahm verquirlen, die Hälfte des Parmesan unterrühren, mit Salz und Pfeffer würzen, Guss über das Gemüse gießen. Restlichen Käse, Brotbrösel und Kräuter mischen, über den Auflauf verteilen. Oliven darüber streuen.

6 Form in der Mitte in den Ofen schieben, Kürbisauflauf bei 200 °C 35 bis 45 Minuten backen.

Kürbis-Pilz-Flan

für 8 Flans

- 2 EL Olivenöl extra nativ, 1 Schalotte
- 200 g Pilze, z. B. Champignons, Shiitake, Austernpilze
- 350 g geschälter, entkernter Kürbis, mehlige Sorte
- 250 g Ricotta
- 40 g Dinkel- oder Weizenruchmehl/Mehl Type 1050
- 2 EL Paniermehl
- 4 Freilandeier, verquirlt
- 40 g geriebener Pecorino oder Parmesan
- Muskatnuss, Kräutersalz, frisch gemahlener Pfeffer
- Rosmarin, Thymian und Salbei, gehackt

Zitronenvinaigrette

- 1 große oder 2 kleine Zitronen, Saft
- 1 TL Senf, Salz
- 3 EL Olivenöl extra nativ
- 3 El Kürbiskernöl

1. Kürbis in Würfel schneiden, im Dampf weich garen.
2. Schalotte fein hacken. Pilze putzen, in Würfelchen schneiden. Schalotten und Pilze im Öl bei starker Hitze dünsten, bis alle Flüssigkeit verdunstet ist.
3. Backofen auf 200 °C vorheizen. Portionenförmchen mit Butter einfetten.
4. Kürbis, Ricotta, Mehl, Paniermehl, Eier und Pecorino pürieren, Pilze unter die Kürbismasse rühren. Würzen. Kräuter unterrühren.
5. Kürbismasse in die Förmchen füllen. Mit Alufolie zudecken. Förmchen in eine Gratinform oder in den Bräter stellen und diesen bis auf 3/4 Förmchenhöhe mit Wasser füllen. In der Mitte in den Ofen schieben, Flans bei 200 °C 30 Minuten pochieren. Nadelprobe machen. Je nach Konsistenz weitere 10 bis 15 Minuten ohne Folie backen.
6. Für die Zitronenvinaigrette sämtliche Zutaten sämig rühren.

Tipps

Die Flans können warm oder lauwarm serviert werden.
Die Zitronenvinaigrette passt auch zu Blattsalat.

Zucchini-Frittata

für 2 Personen als Mahlzeit

2–3 EL Olivenöl extra nativ
2 Zucchini
1 Knoblauchzehe, durchgepresst
1 kleine rote Zwiebel, fein gehackt
1 kleiner milder roter Peperoncino/Pfefferschote
2 EL zerkleinerte Kräuter, z. B. fein geschnittenes Basilikum, von den Stielen gezupfte, gehackte glattblättrige Petersilie, abgezupfte Thymianblättchen oder abgestreifte, gehackte Rosmarinnadeln
3 Freilandeier
2 EL Rahm/Sahne
frisch gemahlener Pfeffer

Olivenöl extra nativ zum Braten

1 Backofen auf 220 °C vorheizen.
2 Zucchini beidseitig kappen, auf dem Gemüsehobel in feine Scheiben hobeln. Peperoncino aufschneiden, entkernen, Hälften in Streifchen schneiden.
3 Zucchini, durchgepressten Knoblauch, Zwiebeln und Peperoncini im Öl 3 Minuten dünsten, abkühlen lassen. Kräuter untermischen.
4 Eier und Rahm verquirlen, Gemüse unterrühren, mit Pfeffer abschmecken.
5 Öl in einer Bratpfanne erhitzen, Gemüsemasse zufügen, fest werden (stocken) lassen. Frittata im Ofen bei 220 °C 10 Minuten fertig backen.

Tipp

Für 4 Personen die Frittata in zwei Portionen zubereiten.

Zucchini alla Parmigiana

1–2 EL Olivenöl extra nativ
800 g Zucchini
100 g geriebener Parmesan oder Pecorino

Tomatensauce

4 Knoblauchzehen, fein gehackt
1 kg geschälte Tomaten (Seite 79) oder
800 g Pelati aus der Dose
1 Bund Basilikum
frischer Thymian oder Provencekräuter
Kräutersalz
frisch gemahlener Pfeffer

1. Für die Tomatensauce Stielansatz der frischen Tomaten kreisförmig herausschneiden, Tomaten in Würfel schneiden. Stielansatz der Dosentomaten wegschneiden, Tomaten zerkleinern. Knoblauch und Tomaten unter häufigem Rühren weich garen, 5 bis 7 Minuten. Kräuter fein schneiden oder hacken, zur Sauce geben. Mit Salz und Pfeffer würzen.
2. Zucchini beidseitig kappen, in 5 mm dicke Scheiben schneiden. Zucchini im Olivenöl portionsweise knusprig braten, würzen.
3. Backofen auf 180 °C vorheizen.
4. Eine Gratinform mit Öl einpinseln, den Boden mit Tomatensauce bedecken, eine Lage Zucchinischeiben darauflegen, mit Tomatensauce bedecken, mit einer Lage Zucchinischeiben abschließen. Parmesan darüber streuen.
5. Zucchinigratin in der Mitte in den Ofen schieben, bei 180 °C etwa 25 Minuten backen.

Tipp

Mit Reis oder Nudeln oder im Dampf gegarten Kartoffeln servieren.

Kräutertomaten

für 2–4 Personen als Beilage

4 Tomaten

Kräutersalz
frisch gemahlener Pfeffer
2–3 EL geriebene Mandeln
2–3 EL fein gehackte Kräuter, je nach Angebot
1–2 EL Olivenöl extra nativ

1. Stielansatz der Tomaten kreisförmig herausschneiden, die Tomaten in nicht zu feine Scheiben schneiden, mit Salz und Pfeffer würzen.
2. Geriebene Mandeln und gehackte Kräuter mischen, Tomatenscheiben darin wenden (panieren).
3. Kräutertomaten in einer beschichteten Bratpfanne im Öl auf beiden Seiten kurz braten.

Fenchel-Bohnen-Gemüse

20 g Butter
1 mittelgroße Zwiebel, fein gehackt
2 Knoblauchzehen, durchgepresst
1 EL fein gehacktes Bohnenkraut
600 g grüne Bohnen
600 g kleiner Fenchel
2 dl/200 ml Gemüsebrühe
Kräutersalz

1. Bei den Bohnen Stielansatz abschneiden und gleichzeitig den zähen Faden abziehen. Fenchel längs vierteln.
2. Zwiebeln und Knoblauch in der Butter andünsten, Bohnenkraut, Bohnen und Fenchel mitdünsten, mit der Gemüsebrühe ablöschen, aufkochen, bei schwacher Hitze etwa 20 Minuten köcheln, abschmecken mit Kräutersalz.

Maiskolben auf provenzalische Art

4 junge Zuckermaiskolben

reichlich frische Kräuter
1–2 Knoblauchzehen
2 TL Senf
2–3 EL Olivenöl extra nativ

Wirz an Rahmsauce

2 EL Butter
1 große Zwiebel, fein gehackt
1 großer Wirz/Wirsing, etwa 1 kg
1 dl/100 ml Gemüsebrühe
150 g Crème fraîche
Salz
frisch gemahlener Pfeffer
Muskatnuss

1. Kräuter fein hacken, in einer Schüssel mit den durchgepressten Knoblauchzehen mischen, Senf und Öl unterrühren.
2. Hüllblätter der Maiskolben nach unten legen, Barthaare entfernen.
3. Maiskolben mit der Marinade einpinseln, die Blätter wieder nach oben legen, mit einer Küchenschnur zubinden.
4. Maiskolben auf dem nicht zu heißen Gartengrill 15 bis 20 Minuten grillen, immer wieder wenden. Oder im vorgeheizten Ofen bei 250 °C 25 Minuten backen. Kolben von den Blättern befreien, mit Olivenöl beträufeln.

Tipp

Reifere Maiskolben vor dem Grillen 5 bis 10 Minuten im Dampf garen.

1. Die äußeren Blätter beim Wirz entfernen, den Kopf vierteln, den harten Mittelstrunk herausschneiden, die Viertel in Streifen schneiden.
2. Zwiebeln in der Butter andünsten, Wirz mitdünsten, Gemüsebrühe zugeben, bei schwacher Hitze etwa 10 Minuten köcheln.
3. Crème fraîche unter den Wirz rühren, mit Salz, Pfeffer und Muskatnuss abschmecken, nochmals erhitzen.

Tipp

Mit im Dampf gegarten Kartoffeln servieren.

Lauch-Zucchini-Curry

3 EL Olivenöl extra nativ
350 g Zucchini
1 Knoblauchzehe, fein gehackt
300 g Lauch
1½ TL milde Currymischung
1 unbehandelte Zitrone, 1 Msp abgeriebene Schale
wenig Wasser oder Gemüsebrühe
1 EL fein gehackte Petersilie
1 Tomate, geschält (Seite 79), gewürfelt
Paprikapulver
1 Handvoll Cashewkerne

1 Zucchini beidseitig kappen, in kleine Würfel schneiden. Grobfasrige Teile beim Lauch entfernen, Stangen längs halbieren und in 1 cm breite Streifen schneiden.
2 Zucchini im Olivenöl andünsten, Knoblauch und Lauch mitdünsten, Curry und Zitronenschalen unterrühren, mit wenig Wasser ablöschen, aufkochen, Gemüse bei schwacher Hitze knackig garen, Petersilie und Tomaten unterrühren, erhitzen, abschmecken mit Paprika. Cashewnüsse unterrühren.

Tipp

Passt ausgezeichnet zu den Haferkugeln, Seite 106.

Sellerie **im Kokosnussmantel**

500 g Knollensellerie

1–2 Freilandeier

80 g Kokosnussraspel
frisch gemahlener Pfeffer
je 1 Msp Muskatnuss und Kräutersalz
1 Prise Kreuzkümmelpulver
1 Prise Paprikapulver
1 unbehandelte Zitrone,
abgeriebene Schale und wenig Saft

Bratbutter/Butterschmalz zum Braten

1 Sellerie schälen, in 5 mm dicke Scheiben schneiden, im Dampf bissfest garen, auskühlen lassen.
2 Eier verquirlen. Kokosnussraspeln mit den Gewürzen mischen.
3 Selleriescheiben zuerst im Ei, dann in den Kokosnussraspeln wenden, in einer Bratpfanne in der Bratbutter beidseitig braten.

Tipp

Mit dem Gemüsecurry, Seite 166, servieren.

Karottensoufflé

für 8 Portionenförmchen

1 EL Olivenöl extra nativ
700 g Karotten
1 mittelgroße Zwiebel, fein gehackt
wenig Ingwerpulver
4 dl/400 ml Gemüsebrühe
4 Freilandeier
4 EL geriebener Käse
4 EL fein gehackte glattblättrige Petersilie
1 unbehandelte Zitrone, abgeriebene Schale oder
1 EL Limonenöl
Kräutersalz
frisch gemahlener Pfeffer

1 Karotten schälen und in kleine Würfel schneiden.

2 Karotten, Zwiebeln und Ingwer im Olivenöl andünsten, Gemüsebrühe zugeben, aufkochen, bei schwacher Hitze köcheln, bis die Karotten weich und die Flüssigkeit fast eingekocht ist. Ein wenig auskühlen lassen.

3 Backofen auf 180 °C vorheizen.

4 Leicht ausgekühlte Karotten mit Eiern und Käse grob pürieren, Petersilie unterrühren, mit Zitronenschale, Kräutersalz und Pfeffer würzen. Karottenmasse in die mit Butter eingefetteten Souffléflörmchen füllen.

5 Die Förmchen in eine Gratinform oder in einen Bräter stellen, bis auf 3/4 Förmchenhöhe mit Wasser füllen. In der Mitte in den Ofen schieben, Soufflé bei 180 °C 25 bis 30 Minuten pochieren.

Tipp

Mit den Sesamkartoffeln, Seite 139, oder den Lorbeerkartoffeln, Seite 142, oder im Dampf gegarten Kartoffeln oder mit Reis servieren.

Überbackener Spargel

24 weiße Spargel, mittlerer Durchmesser
1 großer Lauch

1 Freilandei
2 EL Rahm/Sahne
100 g geriebener Parmesan oder Sbrinz
2 Bund fein geschnittener Schnittlauch

1 Spargel schälen, obere Hälfte sparsam, untere Hälfte großzügig, bis alle holzigen Stellen entfernt sind, Schnittstelle großzügig kürzen.
2 Spargel im Dampf knackig garen, je nach Dicke 15 bis 25 Minuten.
3 Grobfasrige Teile beim Lauch entfernen, Stange längs halbieren, Hälften in Längsrichtung in 1 cm breite Streifen schneiden. Lauchstreifen blanchieren, unter kaltem Wasser abschrecken.
4 Backofen auf Grillstufe vorheizen.
5 Ei, Rahm, Käse und Schnittlauch verrühren.
6 Jeweils 6 Spargel mit den Lauchstreifen zu einem Bündel schnüren, auf einem hoch erhitzbaren Teller oder in Portionen-Gratinschalen legen, Käsemasse darüber verteilen. Im Backofen auf Grillstufe überbacken.

Gratinierter Fenchel sizilianische Art

4 EL Olivenöl extra nativ
1 mittelgroße Zwiebel
2 Knoblauchzehen
800 g zarte Fenchelknollen
4 dl/400 ml Gemüsebrühe
600 g Tomaten
2 Handvoll schwarze oder grüne Oliven

1 Sträußchen Petersilie
frisch gemahlener Pfeffer
Salz
200 g geriebener Parmesan

1 Bund Basilikum

1 Zwiebel und Knoblauchzehen fein hacken. Fenchel in Längsrichtung in etwa fingerdicke Scheiben schneiden.
2 In einer weiten Pfanne mit Deckel Zwiebeln und Knoblauch in 2 Esslöffeln Olivenöl andünsten, Fenchel zufügen, kurz mitdünsten, Gemüsebrühe zugeben, bei schwacher Hitze zugedeckt 8 bis 10 Minuten köcheln. Brühe abgießen (für eine Suppe verwenden).
3 Backofen auf 220 °C vorheizen.
4 Tomaten schälen (Seite79), Stielansatz kreisförmig herausschneiden, Tomaten in große Würfel schneiden und entkernen. Petersilie von den Stielen zupfen und grob hacken. Basilikumblätter von den Stielen zupfen und in Streifen schneiden.
5 Fenchelscheiben in eine große eingefettete Gratinform verteilen, Tomaten, Oliven und Kräuter darüber verteilen, mit Pfeffer und Salz würzen, mit Parmesan bestreuen.
6 Gratinform in der Mitte in den Ofen schieben, Fenchelgratin bei 220 °C 15 Minuten backen. Mit Basilikum garnieren.

Gratinierte Brüsseler Endivie

4 Brüsseler Endivien
Paniermehl/Semmelbrösel oder Kokosnussflocken oder geriebene Mandeln
2 unbehandelte Zitronen, abgeriebene Schale
100 g geriebener Parmesan oder Sbrinz
frisch gemahlener schwarzer Pfeffer

1. Brüsseler Endivie längs halbieren, im Dampf etwa 10 Minuten garen.
2. Paniermehl, Zitronenschalen und Käse mischen, abschmecken.
3. Backofen auf 200 °C vorheizen. Eine Gratinform mit Butter einfetten.
4. Brüsseler Endivien mit der Schnittfläche nach oben in die Gratinform legen, Panade darüber verteilen.
5. Gratinform in der Mitte in den Ofen schieben, Brüsseler Endivien bei 200 °C 15 Minuten gratinieren.

Süßsaure Zwiebeln

500 g kleine Zwiebeln oder Schalotten
½ dl/50 ml Weiß- oder Rotwein
3 dl/300 ml Wasser
3 EL Olivenöl extra nativ
1 Lorbeerblatt
2 Stängel glattblättrige Petersilie
60 g Rosinen
3 EL Waldhonig
Salz
frisch gemahlener Pfeffer
Balsamico

Geschälte Zwiebeln, Wein, Wasser, Olivenöl, Lorbeer, Petersilie, Rosinen und Honig in einem Kochtopf aufkochen, mit Salz und Pfeffer würzen, bei schwacher Hitze zugedeckt etwa 45 Minuten schmoren. Mit Balsamico abschmecken.

Tipp

Passt zu Schalenkartoffeln, Polenta und Reis.

Karotten-Nuss-Burger

400 g Karotten
4 EL Vollkornmehl
2 Freilandeier
4 EL grob gehackte Nüsse, z. B. Mandeln, Haselnüsse, Cashewkerne
2 EL fein geschnittener Schnittlauch oder
2 EL gehackte Petersilie oder Rosmarinnadeln

Salz, frisch gemahlener Pfeffer
1 Msp Ingwerpulver, nach Belieben
1 Msp Muskatnuss
1 unbehandelte Orange oder Zitrone, abgeriebene Schale

Olivenöl extra nativ zum Braten

1 Karotten schälen, auf der Bircherreibe fein reiben.
2 Alle Zutaten mischen. Von Hand flache Burger formen.
3 Karotten-Nuss-Burger in einer beschichteten Bratpfanne in wenig Öl bei mittlerer Hitze braten, auf jeder Seite 4 Minuten. Auf Küchenpapier abtropfen lassen.

Tipp

Mit Kartoffeln oder Nudeln oder Reis und Blattsalat servieren.

Fruchtiges Sauerkraut mit Äpfeln und Pilzen

2 EL Bratbutter/Butterschmalz
2 mittelgroße Boskoop
1 mittelgroße Zwiebel, in feinen Scheiben
3–4 dl/300–400 ml Apfelsaft naturtrüb
500–600 g rohes Sauerkraut
2 Lorbeerblätter
1 TL Pfefferkörner
wenig frisch geriebener Meerrettich
Salz
frisch gemahlener Pfeffer

Pilzragout
1 EL Olivenöl extra nativ
300 g Shiitake
5 EL Weißwein
2 EL weißer Balsamico

1 Einen Apfel halbieren, Kerngehäuse entfernen, auf der Röstiraffel reiben.
2 Geriebene Äpfel und Zwiebeln in 1 EL Bratbutter kurz dünsten, Apfelsaft, Sauerkraut, Lorbeerblätter und Pfefferkörner zugeben, aufkochen, Sauerkraut bei schwacher Hitze rund 45 Minuten köcheln.
3 Den zweiten Apfel schälen, vierteln und entkernen, die Fruchtviertel in Würfelchen schneiden, in der restlichen Bratbutter kurz dünsten, unter das Sauerkraut mischen. Lorbeerblätter entfernen. Das Sauerkraut mit Meerrettich, Salz und Pfeffer würzen.
4 Pilze in mundgerechte Stücke schneiden, in einer Bratpfanne im heißen Öl anbraten, Weißwein zugeben, Pilze bei schwacher Hitze weich dünsten, mit Salz und Pfeffer würzen, mit Balsamico abschmecken.
5 Sauerkraut und Pilze anrichten.

Kürbis-Kohl-Gemüse

mit Kichererbsen

3 EL Olivenöl extra nativ
1 mittelgroße Zwiebel, fein gehackt
2 Knoblauchzehen, fein gehackt
1 roter Peperoncino
400 g Weißkabis/-kohl, in Streifen
700 g geschälter, entkernter Kürbis, fruchtige Sorte
300 g Karotten
200 g gekochte Kichererbsen
1 dl/100 ml Gemüsebrühe
2 EL Sojasauce
wenig Zitronensaft
je 1 Prise Zimt- und Ingwerpulver

1 Peperoncino in Ringe schneiden. Kürbis in Stäbchen schneiden. Karotten schälen und in Stäbchen schneiden.
2 Zwiebeln, Knoblauch, Peperoncini, Kabis, Kürbis und Karotten im Wok oder in der Bratpfanne im Öl bei mittlerer Hitze einige Minuten rührbaten. Kichererbsen, Gemüsebrühe und Sojasauce zugeben, ein paar Minuten köcheln. Mit Zitronensaft, Zimt, Ingwer und Salz abschmecken.

Pilzauflauf

4 EL Bratbutter/Butterschmalz
2 Knoblauchzehen, fein gehackt
800 g Champignons
Salz
frisch gemahlener Pfeffer
2 TL getrocknete Provencekräuter
2 Freilandeier
6 EL Crème fraîche oder Rahm/Sahne
50 g geriebener Sbrinz oder Parmesan
Muskatnuss

1 Backofen auf 200 °C vorheizen.
2 Champignons in Scheiben schneiden.
3 Knoblauch und Pilze in der Bratpfanne in der Bratbutter portionsweise kräftig andünsten, mit Salz, Pfeffer und Provencekräutern würzen. Pilze in eine eingefettete Gratinform verteilen.
4 Für den Guss Eier und Crème fraîche verrühren, Käse unterrühren, mit Muskatnuss und Salz würzen. Über die Pilze verteilen.
5 Pilzauflauf in der Mitte in den Ofen schieben, bei 200 °C 15 Minuten backen.

Gemüsecurry mit Bohnen und Kürbis

2 EL Olivenöl extra nativ
1 mittelgroße Zwiebel, in feinen Scheiben
2 Knoblauchzehen, fein gehackt
1 kleine rote Chilischote, entkernt und fein gehackt
200 g Karotten
400 g grüne Bohnen oder Kefen/Zuckerschoten
1 TL mittelscharfe Currymischung
½ l Gemüsebrühe

400 g fest kochende Kartoffeln
500 g geschälter, entkernter Kürbis, fruchtige Sorte
1 große Dose Pelati, Stielansatz entfernt, grob gehackt
2 Handvoll frische oder tiefgekühlte Erbsen
wenig Kokosnussmilch, nach Belieben
wenig geriebener Ingwer, nach Belieben

1 Karotten und Kartoffeln schälen, in mittelgroße Würfel schneiden. Kürbis in Würfel schneiden. Stielansatz der Bohnen abschneiden und gleichzeitig den zähen Faden abziehen, eventuell quer halbieren.

2 Zwiebeln im Öl andünsten, Knoblauch, Chili, Karotten und grüne Bohnen mitdünsten, mit Curry würzen, Gemüsebrühe zugeben, aufkochen, 10 Minuten bei schwacher Hitze köcheln, Kartoffeln, Kürbis und Tomaten zugeben, köcheln, bis das Gemüse gar ist. Erbsen zugeben, nochmals 2 Minuten köcheln, mit Kokosmilch und Ingwer abschmecken.

Hülsenfrüchte und Tofu

Linsenburger

200 g grüne Linsen
6 dl/600 ml Wasser
Gemüsebrühepulver
2 kleine mehlig kochende Kartoffeln
1 mittelgroße Zwiebel, fein gehackt
2 Freilandeier
2 Knoblauchzehen
1 unbehandelte Zitrone, abgeriebene Schale
2 EL Paniermehl/Brotbrösel
2 EL Mehl
2 EL fein gehackte Kräuter, z. B. Minze, glattblättrige Petersilie, Rosmarin, Thymian
Salz
frisch gemahlener Pfeffer

Olivenöl extra nativ zum Braten

1 Linsen und Wasser aufkochen, bei schwacher Hitze 30 Minuten köcheln, würzen mit Gemüsebrühepulver. Auf der ausgeschalteten Wärmequelle zugedeckt 15 bis 30 Minuten quellen lassen. Restliches Wasser abgießen.

2 Die Hälfte der Linsen mit einer Gabel oder dem Kartoffelstampfer in einer Schüssel zerdrücken. Ganze Linsen untermischen. Kartoffeln schälen und auf der Bircherreibe dazureiben, vermengen. Übrige Zutaten untermischen, mit Salz und Pfeffer abschmecken.

3 Linsenmasse mit dem Eisportionierer portionieren, Burger formen.

4 Die Linsenburger in einer beschichteten Bratpfanne im Öl bei mittlerer Hitze langsam braten, auf jeder Seite 4 Minuten.

Reisnudeln mit Tofu, Sprossen und Erdnüssen

300 g dünne Reisnudeln
3 EL Olivenöl extra nativ
1 EL fein gehackter Knoblauch
3 Frühlingszwiebeln, fein gehackt

300 g Tofu, in Streifen
1 TL Chilipulver
1 EL Olivenöl extra nativ

500 g Sojasprossen
1 EL Olivenöl extra nativ
3 EL Sojasauce, Honig nach Belieben

½ Tasse gesalzene Erdnüsse, trocken geröstet
Koriander
Frühlingszwiebeln, Grün und Zwiebeln in Ringen

1. Die Reisnudeln 10 Minuten in lauwarmem Wasser einweichen, in ein Sieb abgießen. Das Sieb mit einem feuchten Tuch bedecken, Reisnudeln 20 Minuten stehen lassen.
2. Knoblauch und Zwiebeln in der Rührbratpfanne oder in einer beschichteten Bratpfanne im Olivenöl andünsten, Reisnudeln zufügen, unter Rühren braten. Herausnehmen.
3. Tofu mit Chilipulver in der Nudelpfanne im Öl anbraten, Reisnudeln untermischen, aus der Pfanne nehmen.
4. Sojasprossen in der Tofupfanne im Öl etwa 3 Minuten dünsten. Sojasauce unterrühren, mit dem Honig abschmecken.
5. Alle Zutaten mischen. Anrichten. Erdnüsse darüberstreuen, mit Koriander und Frühlingszwiebeln garnieren.

Tofu mit Shiitake

2 EL Olivenöl extra nativ
600 g fester Tofu, gewürfelt
3 cm Ingwerwurzel, geschält und fein gehackt
2 Knoblauchzehen, in feinen Scheiben
2 Karotten
1 mittelgroßer Lauch
250 g Shiitake
1 EL Maisstärke nach Belieben
Chili nach Belieben

Sauce
3 EL Sojasauce
1 EL flüssiger Honig
4 EL Reiswein
Salz

1 Bei den Shiitake die Stiele herausdrehen, Hüte je nach Größe zerkleinern. Karotten schälen und in Stäbchen schneiden. Die zähen Teile beim Lauch entfernen, Stange in etwa 8 cm lange Stücke schneiden, längs halbieren und dann längs in Streifen schneiden.

2 Für die Sauce Sojasauce, Honig und Reiswein glattrühren, mit Salz abschmecken.

3 Tofu in der Rührbratpfanne oder in einer beschichteten Bratpfanne im Öl bei mittlerer Hitze braten, herausnehmen.

4 Ingwer, Knoblauch, Karotten, Lauch und Pilze in der Rührbratpfanne 5 bis 7 Minuten rührbraten. Hitze reduzieren. Tofu mit Sauce zufügen, vermengen, etwa 3 Minuten köcheln. Sauce eventuell mit wenig angerührter Maisstärke binden, mit Chili abschmecken.

Felafel

300 g Kichererbsen
3 Knoblauchzehen
1 TL Rosenpaprikapulver
$1\frac{1}{2}$ TL Kreuzkümmelpulver
1 TL Korianderpulver, 1 Prise Muskatnuss
2 EL gehackte glattblättrige Petersilie
6–7 EL Mehl, Salz

Frittieröl

Sesam-Mandel-Sauce
2 Knoblauchzehen, durchgepresst
50 g Sesammus
50 g Mandelmus
1 Zitrone, Saft
$\frac{1}{2}$ dl/50 ml Wasser oder Gemüsebrühe
Salz

1 Die Kichererbsen über Nacht in Wasser einweichen. Einweichwasser am nächsten Tag weggießen. Erbsen durch den Fleischwolf (feine Scheibe) drücken oder im Cutter zu einer feinen Masse verarbeiten. Durchgepresste Knoblauchzehen, Gewürze und Kräuter zufügen, alles gut mischen. Mehl unterrühren, mit Salz abschmecken.

2 Aus der Kichererbsenmasse von Hand Kugeln von etwa 3 cm Durchmesser formen, im heißen Öl portionsweise 3 bis 4 Minuten frittieren.

3 Für die Sauce alle Zutaten zu einer homogenen Masse rühren/mixen.

Variante

Mit einer Jogurt-Knoblauch-Sauce servieren.

Grünkern-Tofu-Kugeln im Kokosnussmantel

2 dl/200 ml Wasser
½ TL Salz, 1 Prise Paprikapulver
150 g feiner Grünkernschrot
200 g weicher Tofu
1 Freilandei
1 Prise scharfe Currymischung
1 Prise Ingwerpulver, Kräutersalz
1 Bund glattblättrige Petersilie

Kokosnussflocken zum Wenden

Bratbutter/Butterschmalz

1 Wasser, Salz und Paprikalpulver aufkochen, Grünkernschrot zugeben, auf der ausgeschalteten Wärmequelle zugedeckt 30 Minuten oder länger quellen lassen.
2 Tofu mit einer Gabel möglichst fein zerdrücken, mit dem Ei unter den Grünkernschrot mischen, würzen, Petersilie von den Stielen zupfen und hacken, unterrühren.
3 Aus der Getreide-Tofu-Masse mit leicht geölten Händen Kugeln formen, in den Kokosnussflocken wenden.
4 Getreide-Tofu-Kugeln in einer beschichteten Bratpfanne in der Bratbutter braten.

Tofu-Stroganoff

400 g fester Tofu, gewürfelt
3–4 EL Sojasauce
frisch gemahlener Pfeffer
reichlich Paprikapulver

1 EL Bratbutter/Butterschmalz
1 mittelgroße Zwiebel, fein gehackt
1 roter Peperoni/Paprikaschote
150 g Champignons

1 dl/100 ml Weißwein
1 dl/100 ml Rahm/Sahne
2 Essiggurken, in Streifen
1 Bund Petersilie,
Blättchen von den Stielen gezupft und gehackt
Salz
frisch gemahlener Pfeffer
2 EL Cognac

1 Tofu mit Sojasauce, Pfeffer und Paprikapulver würzen, 30 Minuten marinieren.
2 Peperoni halbieren, den Stielansatz und die Kerne entfernen, Hälften in Streifen schneiden. Champignons je nach Größe halbieren, vierteln oder in Scheiben schneiden.
3 Zwiebeln in Rührbratpanne oder beschichteter Bratpfanne in der Bratbutter andünsten, Peperoni und Pilze mitdünsten, Wein zugeben, ein wenig einköcheln lassen, Rahm, Essiggurken und Petersilie zugeben, nochmals kurz köcheln lassen.
4 Tofu in einer Bratpfanne ohne Fett braun braten.
5 Tofu unter das Gemüse mischen, nochmals aufkochen, mit Salz, Pfeffer und Cognac abschmecken.

Tofulino-Burger

für 5–6 Burger

300 g weicher Tofu
2 kleine Zwiebeln, gehackt
2 Karotten
2 Feilandeier
8 EL Dinkelmehl
1 EL Olivenöl extra nativ

1 Msp milde Currymischung
2 Prisen Chilipulver
1 Msp Ingwerpulver
Salz

2–3 EL Bratbutter/Butterschmalz

1. Tofu mit einer Gabel zerdrücken, mit den Zwiebeln vermengen. Karotten schälen, auf der Bircherreibe dazureiben, Eier, Mehl und Öl unterrühren, mit Curry, Chili, Ingwer und Salz würzen.
2. Aus der Tofumasse mit nassen Händen Kugeln formen, flach drücken, 10 Minuten ruhen lassen.
3. Burger in einer beschichteten Bratpfanne in der Bratbutter bei schwacher Hitze beidseitig braten.

Tipp

Burger mit Radieschen und Kresse auf Vollkornbrotscheiben servieren.

Ingwer-Reis mit Tofu und Pilzen

4 EL Erdnussöl
10 g getrocknete chinesische Champignons
300 g fester Tofu, gewürfelt
1 EL Sojasauce
1 Schalotte, fein gehackt
5 cm Ingwer, geschält und fein gerieben
wenig Honig
400 g gekochter Langkornreis
1 Bund Schnittlauch, geschnitten

1. Getrocknete Pilze 30 Minuten in lauwarmem Wasser einweichen, ausdrücken, Stiele entfernen, Hüte zerkleinern.
2. Pilze und Tofu in der Rührbratpfanne oder in einer beschichteten Bratpfanne im Öl (2 EL) kräftig anbraten. Aus der Pfanne nehmen, mit Sojasauce würzen.
3. Schalotten und geriebenen Ingwer in der Tofupfanne im restlichen Öl anbraten, Honig unterrühren. Reis mitbraten, Pilz-Tofu-Gemisch zugeben, mit Schnittlauch bestreuen.

Linsencurry **mit Kokosnussraspel**

2 EL Erdnussöl
1 TL Kreuzkümmelsamen
4 EL Rosinen
1 EL scharfe Currymischung
1 mittelgroße Zwiebel
2 Karotten
1 TL gehackter Ingwer
300 g grüne Linsen
3 Kardamomkapseln
4 EL Kokosnussraspel
Wasser
wenig Zitronensaft
Salz, Gemüsebrühepulver

1. Linsen über Nacht in reichlich Wasser quellen lassen, Einweichwasser weggießen.
2. Zwiebel fein hacken. Karotten schälen, klein würfeln.
3. Öl erhitzen, Kreuzkümmel und Rosinen darin kurz rösten, Curry und Zwiebeln unterrühren, andünsten, Karotten kurz mitdünsten, Ingwer, Linsen, Kardamom, Kokosnussraspeln und so viel Wasser zugeben, dass alles gut mit Flüssigkeit bedeckt ist, aufkochen, bei schwacher Hitze köcheln lassen, bis die Linsen weich sind, mit Zitronensaft und Salz oder Gemüsebrühepulver abschmecken.

Sprossengemüse mit Tofu und Karotten

2 EL Olivenöl extra nativ
200 g Karotten
400 g gemischte Sprossen/Keimlinge, z. B. von Sojabohnen, Kichererbsen, Linsen, Mungobohnen, Weizen, Dinkel
frisch gemahlener Pfeffer
Muskatnuss
2 EL Sojasauce
2 dl/200 ml Wasser
1 EL Hefeflocken
1 Prise Paprikapulver
1 Msp Kurkuma für die Farbe
1 Sträußchen Petersilie
400 g fester Tofu
1 TL Olivenöl extra nativ
frisch gemahlener Pfeffer

1 Karotten schälen und in feine Stäbchen schneiden (Bild). Petersilie von den Stielen zupfen und fein hacken.
2 Tofu in Stäbchen schneiden (Bild), im Öl (1 TL) braten.
3 Karotten im Öl andünsten, Sprossen mitdünsten, mit Pfeffer, Muskatnuss und Sojasauce würzen, das Wasser zugeben, aufkochen, das Sprossen-Gemüse bei schwacher Hitze ein paar Minuten köcheln, Hefeflocken, Paprikapulver, Kurkuma und Petersilie unterrühren. Sprossen-Karotten-Mischung zum Tofu geben und gut vermengen. Mit Pfeffer abschmecken.

Limettencreme

500 g weicher Tofu
1 dl/100 ml Rahm/Sahne
2–4 EL Akazienblütenhonig
3–4 Limetten, abgeriebene Schale und Saft

Schalenstreifen von Limetten

1 Tofu zerkleinern, mit Rahm, Honig, Limettenschalen und Limettensaft fein pürieren.
2 Limmettencreme in Gläser füllen, garnieren.

Erdbeercreme

500 g weicher Tofu
1 dl/100 ml Rahm/Sahne
4 Handvoll Erdbeeren, entstielt
wenig Zitronensaft oder Kirsch
Akazienblütenhonig nach Belieben

Erdbeeren für die Garnitur

1 Tofu zerkleinern, mit Rahm und Erdbeeren pürieren. Mit Zitronensaft oder Kirsch und Akazienblütenhonig abschmecken.
2 Erdbeercreme in Gläser füllen, mit Erdbeeren garnieren.

Variante

Erdbeeren durch Himbeeren, Brombeeren (pürieren und durch ein Spitzsieb streichen, um die Steinchen aufzufangen), 2 Bananen oder ein beliebiges Fruchtpüree ersetzen.

Schokoladencreme

500 g weicher Tofu
1 dl/100 ml Rahm/Sahne
½–1 dl/50–100 ml Mineralwasser
4–5 EL Schokoladenpulver
1 TL Bourbon-Vanillepulver
2–4 EL Akazienblütenhonig

1 Alle Zutaten fein pürieren.
2 Schokoladencreme in Gläser füllen.

Quiches und Kuchen, pikant und süß

Kartoffel-Tomaten-Kuchen

für ein Kuchenblech von 28 cm Durchmesser

½ Portion Quarkmürbeteig, Seite 198

300 g kleine gekochte Schalenkartoffeln vom Vortag
300 g mittelgroße Tomaten
150 g Raclettekäse am Stück

Guss

1 Freilandei
2 dl/200 ml Halbrahm/Sahne
einige Thymianzweiglein
Salz
frisch gemahlener Pfeffer
Muskatnuss

1. Quarkmürbeteig auf leicht bemehlter Arbeitsfläche auf Formgröße ausrollen und in die eingefettete Form legen.
2. Backofen auf 220 °C vorheizen.
3. Kartoffeln schälen, in 5 mm dicke Scheiben schneiden. Stielansatz bei den Tomaten kreisförmig herausschneiden, Tomaten halbieren, in 5 mm dicke Scheiben schneiden. Raclettekäse in 4 x 4 cm große und 3 mm dicke Scheiben schneiden.
4. Ei und Rahm verquirlen. Thymianblättchen von den Stielen zupfen, zum Guss geben, mit Salz, Pfeffer und Muskatnuss würzen.
5. Kartoffel-, Tomaten- und Käsescheiben abwechselnd ziegelartig auf den Teigboden legen, mit Salz und Pfeffer würzen, Guss darübergießen.
6. Kartoffel-Tomaten-Kuchen auf der zweituntersten Schiene in den Ofen schieben, bei 220 °C etwa 30 Minuten backen. Während der letzten 10 Minuten Temperatur auf 200 °C zurückschalten.

Griechische Kartoffel-Zucchini-Quiche

für ein Kuchenblech von 28 cm Durchmesser

400 g gekaufter Butterblätterteig

4 mittelgroße fest kochende Kartoffeln, ca. 400 g
250 g Zucchini
200 g Feta oder Ziegenfrischkäse

Guss

2 Freilandeier, 1 Eigelb von einem Freilandei
2 dl/200 ml Rahm/Sahne
2 EL Pesto
1 Handvoll Basilikumblätter, in Streifen
1 EL Thymianblättchen nach Belieben
1–2 getrocknete Chilischoten, zerbröselt, nach Belieben
½ unbehandelte Zitrone, abgeriebene Schale
60 g grob gehackte Baumnuss-/Walnusskerne
Salz, frisch gemahlener Pfeffer

1 Kartoffeln in der Schale im Dampf knapp weich kochen, ein wenig abkühlen lassen, schälen, in 3 mm dicke Scheiben schneiden. Feta grob zerbröckeln. Zucchini beidseitig kappen, in feine Scheiben hobeln.
2 Eier, Eigelb, Rahm und Pesto verquirlen, Kräuter, Chili, Zitronenschalen und Nüsse unterrühren, würzen.
3 Backofen auf 200 °C vorheizen.
4 Blätterteig auf leicht bemehlter Arbeitsfläche auf Formgröße ausrollen, in die Form legen, Teig mit einer Gabel ein paar Mal einstechen. Kartoffeln, Zucchini und Feta auf den Teigboden verteilen, Guss darübergießen.
5 Form auf der zweituntersten Schiene in den Ofen schieben, Quiche bei 200 °C 40 Minuten backen. Die Quiche schmeckt warm, lauwarm und kalt.

Variante

Zusätzlich halbierte Cherrytomaten auf den Belag legen, Guss darübergießen.

Blumenkohlpie

für eine Springform
von 28 cm Durchmesser

400 g gekaufter Butterblätterteig

2 EL Olivenöl extra nativ
2 Knoblauchzehen, fein gehackt
wenig frisch geriebener Ingwer
1 Blumenkohl, ca. 500 g
1 dl/100 ml Weißwein
wenig Gemüsebrühe

4 Eigelbe von Freilandeiern
400 g Ricotta
4 EL geriebener Sbrinz oder Parmesan
1 unbehandelte Zitrone, abgeriebene Schale
Salz
frisch gemahlener Pfeffer
Muskatnuss
Paprikapulver
1 Eiweiß

1 Eigelb zum Bepinseln

1 Blumenkohl in kleine Röschen teilen.

2 Knoblauch und Ingwer im Olivenöl andünsten, Blumenkohl mitdünsten, Weißwein und ein wenig Gemüsebrühe zugeben, Blumenkohl bei schwacher Hitze knackig garen. Es soll keine Flüssigkeit übrig bleiben. Auskühlen lassen. Ein Drittel der Röschen hacken, den Rest ganz lassen.

3 Backofen auf 180 °C vorheizen. Boden der Form mit Backpapier belegen.

4 Eigelbe, Ricotta, Käse und gehackten Blumenkohl mischen, würzen. Eiweiß steif schlagen, unterziehen.

5 Teig portionieren, 150 g für den Deckel und den Rest für den Boden. Für den Boden den Teig auf leicht bemehlter Arbeitsfläche so groß ausrollen, dass man einen 4 bis 5 cm hohen Rand erhält. In die Form legen. Boden mit einer Gabel ein paar Mal einstechen. Ricotta-Blumenkohl-Masse auf dem Teigboden verteilen, restlichen Blumenkohl darauflegen. Teig für den Deckel auf leicht bemehlter Arbeitsfläche auf Formgröße ausrollen, auf die Füllung legen. Rand des Teigdeckels anfeuchten, Rand des Bodens darüberlegen und andrücken. Deckel mit Eigelb bepinseln und mit einer Gabel ein paar Mal einstechen.

6 Blumenkohlpie in der Mitte in den Ofen schieben, bei 180 °C 40 bis 45 Minuten backen.

Toskanischer Spinatkuchen mit Oliven

für ein Kuchenblech von 26–28 cm Durchmesser

Blitzkuchenteig mit Olivenöl

275 g Dinkel- oder Weizenweißmehl/ Mehl Type 630/405
½ TL Salz
1¾ dl/175 ml Wasser
¾ dl/75 ml Olivenöl extra nativ

Belag

4 EL Olivenöl extra nativ
200 g Zwiebeln
2 Knoblauchzehen
400 g Spinat
frisch gemahlener Pfeffer
abgezupfte Thymianblättchen
Salz
2 Freilandeier
2 EL Rahm/Sahne
50 g entsteinte schwarze Oliven

1 Für den Teig Mehl und Salz mischen. Wasser aufkochen, Pfanne von der Wärmequelle nehmen, Olivenöl beifügen, 1 Minute mit dem Rühr-/Stabmixer verquirlen, bis die Flüssigkeit emulgiert, zum Mehl geben, alles zu einem Teig zusammenfügen, nicht kneten. Blitzteig ein wenig auskühlen lassen, dann zwischen Klarsichtfolien auf Blechgröße ausrollen, eine Folie entfernen, Teig in das eingefettete Blech stürzen, zweite Folie ebenfalls entfernen.

2 Backofen auf 200 °C vorheizen.

3 Zwiebeln fein hacken, mit den durchgepressten Knoblauchzehen im Olivenöl andünsten, Spinat zugeben und zusammenfallen lassen, mit Salz, Pfeffer und Thymian würzen, in einem Sieb abtropfen lasen, sanft ausdrücken.

4 Spinat auf den Teigboden verteilen. Eier und Rahm verrühren, darübergießen, mit Oliven garnieren.

5 Spinatkuchen in der Mitte in den Ofen schieben, bei 200 °C 35 bis 40 Minuten backen. Heiß servieren.

Apfelkuchen mit Honigmarzipan

für ein großes rechteckiges Blech

Gerührter Teig

125 g weiche Butter
1 Prise Salz
2 Freilandeier
1 Prise Vanillepulver
250 g Dinkelruchmehl/Mehl Type 1050
2 EL Wasser
1 EL Vollmilch- oder Rahm-/Sahnequark

Belag

100 g Honigmarzipan
1 kg säuerliche Äpfel
50 g Rosinen
1 Msp Zimtpulver
½ Zitrone, Saft
Wasser

1 Für den Teig Butter und Prise Salz luftig aufschlagen, Eier und Vanillepulver unterrühren, Mehl, Wasser und Quark zugeben, zu einem geschmeidigen Teig kneten.
2 Blech mit Butter einfetten. Ofen auf 180 °C vorheizen.
3 Teig im eingefetteten Blech ausrollen, einen kleinen Rand hochziehen. Honigmarzipan in Stückchen darauf verteilen.
4 Äpfel mit Schale vierteln und entkernen, Viertel in hauchdünne Schnitze schneiden, auf dem Teigboden verteilen, Rosinen darauf verteilen, mit Zimtpulver bestreuen, mit Zitronensaft und Wasser beträufeln.
5 Das Blech auf der zweituntersten Schiene in den Ofen schieben, Apfelkuchen bei 180 °C 45 bis 50 Minuten backen.

Morchelkuchen mit Sprossen

für ein Kuchenblech von 25 cm Durchmesser

Quinua-Quark-Teig

100 g weiche Butter
60 g Vollmilch- oder Rahm-/Sahnequark
2 Prisen Salz
1 Prise Kardamom
20 g Quinua, fein gemahlen
90 g Dinkelruchmehl/Mehl Type 1050

Füllung

20 g Butter
40 g Schalotten, fein gehackt
1 kleine Knoblauchzehe, durchgepresst
100 g frische Morcheln
50 g Sojasprossen
30 g Weizensprossen

2 Freilandeier, verquirlt
1 ½ dl/150 ml Rahm/Sahne
1 Bund Schnittlauch, fein geschnitten
wenig Salz, frisch gemahlener Pfeffer

1 Für den Teig Butter, Quark und Gewürze glattrühren, Mehl dazugeben und zu einem Teig zusammenfügen. Im Kühlschrank zugedeckt 2 Stunden oder länger ruhen lassen.
2 Für die Füllung Morcheln halbieren, den Sand unter fließendem Wasser abspülen. Die Pilze trocken tupfen.
3 Backofen auf 220 °C vorheizen.
4 Schalotten in der Butter andünsten, Knoblauch, Morcheln und Sprossen mitdünsten. Pfanne von der Wärmequelle nehmen. Eier, Rahm und Schnittlauch zufügen, mit Salz und Pfeffer würzen.
5 Form mit Butter einfetten. Teig auf leicht bemehlter Arbeitsfläche auf Formgröße ausrollen, in die Form legen. Füllung auf den Teigboden verteilen.
6 Morchelkuchen auf der zweituntersten Schiene in den Ofen schieben und bei 220 °C etwa 30 Minuten backen.

Pizza mit Artischocken

für 8 kleine Pizzas

1 Packung Pizzateig

Tomatenpüree/Tomatenkonzentrat
getrockneter Oregano
2 große rote Zwiebeln, in feinen Ringen

6 Artischockenherzen
halbierte Cherrytomaten
1 Handvoll schwarze Oliven
250 g Gorgonzola oder Büffelmozzarella
frisch gemahlener Pfeffer
Olivenöl extra nativ zum Beträufeln

1 Backofen auf 220 °C vorheizen.
2 Den Pizzateig auf leicht bemehlter Arbeitsfläche ausrollen, 8 Rondellen von 12 cm Durchmesser ausstechen, auf ein mit Backpapier belegtes Blech legen. Mit Tomatenpüree bestreichen. Oregano darüber streuen, mit Zwiebeln, klein geschnittenen Artischocken, Cherrytomaten und Oliven belegen, zerbröckelten oder klein geschnittenen Käse darauf verteilen, würzen mit Pfeffer.
3 Pizzas in der Mitte in den Ofen schieben und bei 220 °C 12 Minuten backen. Mit Olivenöl beträufeln.

Apfelkuchen

für eine runde Form von 28 cm Durchmesser

Mürbeteig

200 g Dinkelweißmehl/Mehl Type 630
1/2 TL Salz
100 g kalte Butterstückchen
3/4–1 dl/75–100 ml Wasser

5 mittelgroße Äpfel

Guss

2 Freilandeier
2 dl/200 ml Rahm/Sahne
2 EL Zucker
1 Schuss Kirsch
1/2 unbehandelte Zitrone, abgeriebene Schale
1 Prise Zimtpulver

1 Für den Teig Mehl und Salz in einer Schüssel mischen, mit Butterstückchen krümelig reiben, Wasser nach und nach zugeben, rasch zusammenfügen, nicht kneten. Mürbeteig zugedeckt 30 bis 60 Minuten kühl stellen.
2 Teig auf bemehlter Arbeitsfläche rund ausrollen, in die eingefettete Form legen, 30 Minuten kühl stellen.
3 Backofen auf 210 °C vorheizen.
4 Äpfel schälen, vierteln und entkernen, Apfelviertel in feine Scheiben schneiden, kreisförmig auf den Teigboden legen. Guss darübergießen.
5 Apfelkuchen in der Mitte in den Ofen schieben und bei 210 °C 30 bis 40 Minuten backen.

Kirschenkuchen

für eine runde Form von 28 cm Durchmesser

Mürbeteig

200 g Dinkelweißmehl/Mehl Type 630
½ TL Salz
100 g kalte Butterstückchen
¾–1 dl/75–100 ml Wasser

Belag

4 EL geriebene Haselnüsse
1 EL Zucker
1 kg rote oder schwarze Kirschen

Guss

½ dl/50 ml Rahm/Sahne
1 EL Maisstärke
1 Freilandei
2 EL Zucker

1 Für den Teig Mehl und Salz in einer Schüssel mischen, mit Butterstückchen krümelig reiben, Wasser nach und nach zugeben, zusammenfügen, nicht kneten. Teig zugedeckt 30 bis 60 Minuten kühl stellen.
2 Teig auf leicht bemehlter Arbeitsfläche rund ausrollen, in die eingefettete Form legen, 30 Minuten kühl stellen.
3 Backofen auf 230 °C vorheizen.
4 Kirschen entstielen und entsteinen, in einem Sieb über einer Schüssel abtropfen lassen. Saft trinken.
5 Haselnüsse und Zucker mischen, auf den Teigboden streuen, Kirschen darauf verteilen.
6 Kirschenkuchen auf der untersten Schiene in den Ofen schieben, bei 230 °C 10 bis 15 Minuten backen.
7 Für den Guss Rahm und Maisstärke verrühren, Ei und Zucker zufügen, gut verquirlen, über die Kirschen gießen. Kirschenkuchen bei 230 °C 10 bis 15 Minuten backen.

Kürbisquiche mit Kräutern und Crème fraîche

1 runder Blätterteig
ganze und gehackte geröstete Kürbiskerne

Belag
2 EL Olivenöl extra nativ
1 Schalotte, fein gehackt
1 große Knoblauchzehe, fein gehackt
600 g geschältes, entkerntes Kürbisfleisch, mehlige Sorte
1 EL gehackte Kräuter, z. B. Rosmarin, Thymian, Majoran, Ysop
Kräutersalz, frisch gemahlener Pfeffer

Guss
3 Freilandeier
1 dl/100 ml Rahm/Sahne
1 Becher (180 g) Crème fraîche
Kräutersalz
frisch gemahlener Pfeffer
1 TL mittelscharfe Currymischung

1 Teig in das Kuchenblech legen (Blätterteig gibt beim Backen so viel Fett ab, dass sich das Einfetten der Form erübrigt), Teigboden mit einer Gabel einige Male einstechen. Kürbiskerne auf den Teigboden streuen.
2 Kürbisfleisch auf der Röstiraffel grob reiben.
3 Schalotten, Knoblauch und Kürbis im Olivenöl ein paar Minuten dünsten, Kräuter unterrühren, würzen. Auskühlen lassen.
4 Backofen auf 220 °C vorheizen.
5 Kürbismasse auf den Teigboden verteilen, den Guss darübergießen.
6 Kürbisquiche auf der zweituntersten Schiene in den Ofen schieben, bei 220 °C 25 bis 30 Minuten backen.

Tipp
Die Quiche kann auch lauwarm oder kalt serviert werden. Am Tisch nach Belieben mit Kürbiskernöl beträufeln.

Aprikosenkuchen

für ein großes rechteckiges Backblech

Quarkteig

400 g Dinkel- oder Weizenweißmehl/
Mehl Type 630/405
1 TL Salz
120 g kalte Butterstückchen
300 g Vollmilch- oder Magerquark

Belag

100 g geriebene Mandeln
1,4 kg reife, süße Aprikosen

Guss

4 Freilandeier
4 dl/400 ml Rahm/Sahne
2 EL Birnendicksaft oder Zucker
oder Bourbon-Vanillezucker

100 g Mandelstifte

1 Für den Teig Mehl und Salz in einer Schüssel mischen, mit Butterstückchen krümelig reiben. Quark zugeben, alles zusammenfügen, Teig nicht kneten. Etwa 30 Minuten zugedeckt kühl stellen.
2 Backofen auf 200 °C vorheizen.
3 Quarkmürbeteig auf leicht bemehlter Arbeitsfläche auf Formgröße ausrollen, in die eingefettete Form legen. Mandeln darauf verteilen. Aprikosen halbieren und entsteinen, Stielansatz entfernen, Fruchthälften je nach Größe halbieren oder vierteln, dicht nebeneinander auf den Teigboden legen (siehe Bild).
4 Eier, Rahm und Birnendicksaft verquirlen, den Guss über die Aprikosen gießen. Mit den Mandelstiften bestreuen.
5 Aprikosenkuchen auf der zweituntersten Schiene in den Ofen schieben, bei 200 °C etwa 40 Minuten backen. Wenn die Mandeln zu viel Farbe annehmen, mit Folie abdecken.

Tipp

Für eine runde Form von 28 cm Durchmesser können die Zutaten halbiert werden.

Desserts

Amaranth-Apfelsaft-Creme mit Beeren

für 4–6 Personen

100 g Amaranth, mehlfein gemahlen
6 dl/600 ml Apfelsaft naturtrüb
je 1 Prise Zimtpulver und Salz
½ unbehandelte Zitrone, abgeriebene Schale
ca. 1½ EL Birnendicksaft
2 dl/200 ml Rahm/Sahne
125 g Beeren, je nach Saison

Melisse für die Garnitur
einige Pinienkerne für die Garnitur

1. Amaranthmehl, Apfelsaft, Zimtpulver, Salz sowie Zitronenschale unter Rühren aufkochen, köcheln lassen, bis die Creme bindet, zugedeckt auskühlen lassen, mit Birnendicksaft süßen.
2. Rahm steif schlagen, unter die Amaranthcreme ziehen. Beeren je nach Sorte ganz lassen oder zerkleinern, mit der Amaranthcreme mischen. In Glasschalen füllen, mit Melisse und Pinienkernen garnieren.

Maisomelett

für 4–6 Omeletts

Teig

120 g feines Maismehl
2 dl/200 ml Milch
1 EL flüssige Butter
1 EL Akazienblütenhonig oder Rohrohrzucker
1 Prise Salz

Bratbutter/Butterschmalz zum Braten

Apfelkompott

1. Alle Zutaten für den Teig glatt rühren, 20 bis 30 Minuten quellen lassen.
2. Aus dem Teig in der nicht zu heißen Bratbutter 4 bis 6 Omeletts braten. Mit dem Apfelkompott füllen.

Kirschenauflauf

150 g Brotwürfelchen
3 dl/300 ml heiße Milch
5 Freilandeier, verquirlt
80 g geriebene Mandeln
800 g entsteinte schwarze Kirschen
Zimtpulver
Zucker nach Belieben
3 EL gehackte Mandeln
40 g Butter

1. Backofen auf 200 °C vorheizen.
2. Brotwürfelchen mit der heißen Milch übergießen, Milch gleich wieder abgießen.
3. Aufgeweichtes Brot, Eier, Mandeln und Kirschen gut vermengen, mit Zimt und nach Belieben mit Zucker abrunden. Masse in eine mit Butter eingefettete Gratinform füllen. Gehackte Mandeln darüber streuen, mit Butterstückchen belegen.
4. Kirschenauflauf auf der zweituntersten Schiene in den Ofen schieben, bei 200 °C 30 Minuten backen.

Tipp

Mit der Vanillesauce, Seite 209, servieren.

Rhabarberköpfchen

für 4 Souffléförmchen

100 g Brioche oder Zopfbrot
50 g Mandelstifte
200 g Erdbeer-Rhabarber (roter Rhabarber)
wenig frisch geriebene Ingwerwurzel
3/4 dl/75 ml Rahm/Sahne
1 dl/100 ml Milch
2 Freilandeier
1 Prise Zimtpulver
60 g Rohrohrzucker
40 g Rosinen

Puderzucker für die Garnitur

Vanillesauce, Seite 209

1 Brioche in 2 cm große Würfelchen schneiden.
2 Mandelstifte in einer Bratpfanne ohne Fett hellbraun rösten.
3 Rhabarber ungschält in 2 cm lange Stücke schneiden.
4 Den Backofen auf 200 °C vorheizen.
5 Sämtliche Zutaten mischen, Masse in die mit Butter eingefetteten Souffléförmchen füllen.
6 Rhabarberköpfchen auf der untersten Schiene in den Ofen schieben, bei 200 °C 30 Minuten backen.
7 Den Rand der heißen Rhabarberköpfchen mit einem Messer vorsichtig lösen und in tiefe Teller stürzen, mit der heißen Vanillesauce umgießen, mit Puderzucker bestäuben.

Dattelcreme

½ l Sojamilch
50 g feines Hirsemehl
½ TL Vanillepulver
je 1 Prise Kardamompulver und Salz
1 TL abgeriebene Schale
einer unbehandelten Orange
2 EL Orangensaft
100 g Datteln, entsteint und fein gehackt
2 dl/200 ml Rahm/Sahne

Datteln für die Garnitur

1 Sojamilch und Hirsemehl in einer Pfanne glattrühren, Vanillepulver, Kardamompulver, Salz und Orangenschalen zugeben, unter ständigem Rühren aufkochen, köcheln, bis die Creme bindet. In eine Schüssel umfüllen, zugedeckt auskühlen lassen, häufig rühren.
2 Orangensaft zur Creme geben, mit Stabmixer oder Schneebesen luftig aufschlagen, Datteln unterrühren. Rahm steif schlagen und unterziehen.

Apfelsaftcreme

½ l Apfelsaft
2 EL Maisstärke
2 Freilandeier
1 unbehandelte Zitrone,
abgeriebene Schale und Saft
1–2 EL flüssiger Honig
2 dl/200 ml Rahm/Sahne

1 Apfelsaft, Maisstärke und Eier in einem Kochtopf glattrühren, Creme unter ständigem Rühren aufkochen, d. h. unter dem Kochpunkt köcheln, bis die Creme bindet und dickflüssig ist. Apfelsaftcreme erkalten lassen, öfter rühren.
2 Wenig abgeriebene Zitronenschale und Zitronensaft mit dem Honig unter die Creme rühren.
3 Rahm steif schlagen, drei Viertel unter die Creme rühren, anrichten, Creme mit restlichem Rahm garnieren.

Nussparfait mit Rotweinzwetschgen

für 6 Portionen

4 Freilandeier, Eigelb und Eiweiß getrennt
60 g Rohrohrzucker
25 g Akazienblütenhonig
1 EL Nusslikör
2½ dl/250 ml Rahm/Sahne
75 g geriebene Baumnuss-/Walnusskerne
2 EL Rohrohrzucker
25 g Baumnuss-/Walnusskerne, grob gehackt

Kompott

500 g Zwetschgen
1 Msp Zimtpulver
100 g Akazienblütenhonig
2 dl/200 ml Rotwein

1 2 EL Rohrohrzucker karamelliseren, gehackte Nüsse darin wenden, erkalten lassen.

2 Eigelbe, Zucker, Honig und Nusslikör zu einer luftigen, cremigen Masse aufschlagen.

3 Eiweiß zu Schnee schlagen. Rahm steif schlagen.

4 Zuerst den Schlagrahm unter die Eigelbmasse ziehen, dann den Eischnee und die Nüsse.
Parfaitmasse in Portionenförmchen füllen. Mindestens 3 Stunden in den Tiefkühler stellen.

5 Für das Kompott Zwetschgen halbieren und entsteinen, Stielansatz entfernen. Zwetschgen mit Zimt, Honig und Wein zu einem Kompott kochen; die Zwetschgen dürfen nicht zerfallen.

6 Die Förmchen kurz in heißes Wasser tauchen, Parfaitköpfchen auf Teller stürzen, mit dem Kompott umgeben.

Orangensalat mit Orangenparfait

für 6 Soufflêförmchen

Parfait

2 Eigelbe von Freilandeiern
2 EL Orangenblütenhonig
1 unbehandelte Orange,
2 EL abgeriebene Schale
2½ dl/250 ml Rahm/Sahne,
steif geschlagen

Orangensalat

4 Blondorangen
2 EL Cointreau
1 EL Orangenblütenhonig
5 Tropfen biologisches ätherisches Orangenöl,
nach Belieben

Garnitur

Mandelstifte oder Mandelblättchen
Orangenzesten, in Streifchen

1 Für das Parfait Eigelbe und Honig zu einer luftigen Masse aufschlagen, Orangenschalen und Schlagrahm unterziehen. Parfaitmasse in die Förmchen füllen.

2 Bei den Orangen oben und unten einen Deckel abschneiden, Früchte großzügig schälen, auch die weiße Haut entfernen, die Schnitze mit einem scharfen Messer aus den Trennhäuten schneiden. Cointreau, Orangenblütenhonig und Orangenöl gut verrühren, über die Orangenfilets träufeln, 15 Minuten marinieren.

3 Orangenschnitze kreisförmig auf Tellern anrichten, die Mitte für das Parfait frei lassen. Den Rand des Parfaits mit einem Messer lösen, das Köpfchen auf die Teller stürzen, die restliche Fruchtsauce darüber träufeln, mit Mandeln und Schalenstreifchen garnieren.

Bratapfel mit Vanillesauce

4 Äpfel

Füllung

2 EL Butter
2 EL feine Haferflocken
2 EL Sonnenblumenkerne, gehackt
1 Msp Zimtpulver
2 EL Birnendicksaft

Vanillesauce

2 dl/200 ml Wasser
3 TL Pfeilwurzelmehl
2 dl/200 ml Rahm/Sahne
1 TL Vanillepulver
2 Prisen Kurkuma für die Farbe
2 TL Akazienblütenhonig

1 Den Backofen auf 250 °C vorheizen.
2 Für die Füllung Butter in einem Pfännchen zerlassen, Haferflocken und Sonnenblumenkerne zugeben und leicht rösten, mit Zimt und Birnendicksaft würzen.
3 Den Äpfeln einen kleinen Deckel abschneiden, Kerngehäuse mit einem Kugelausstecher ausstechen. Die Äpfel füllen und in eine mit Butter eingefettete Gratinform stellen. In der Mitte in den Ofen schieben und bei 250 °C 20 Minuten backen.
4 Für die Vanillesauce Wasser und Pfeilwurzelmehl in einer Pfanne glattrühren, Rahm, Vanillepulver und Kurkuma zugeben, die Sauce unter ständigem Rühren aufkochen, köcheln, bis sie bindet, mit Honig süßen. Warm oder kalt zum Bratapfel servieren.

Tipp

Für eine schnelle kalte Sauce Sauerrahm/saure Sahne mit Vanillepulver aromatisieren und flüssigem Honig süßen.

Sommerlicher Hirse-Früchte-Traum

80 g sehr feines Hirsemehl
1 Prise Vanillepulver
½ l Kuh-, Hafer- oder Sojamilch
2–3 EL Akazienblütenhonig
200 g Crème fraîche
200 g Beeren, z. B. Himbeeren, Heidelbeeren, Brombeeren, Johannisbeeren

Beeren für die Garnitur

1 Hirsemehl und Vanillepulver mit der Milch verrühren, unter ständigem Rühren erhitzen, köcheln, bis die Masse eingedickt ist. Hirsebrei in einer Schüssel erkalten lassen. Immer wieder rühren.
2 Hirsebrei mit dem Honig süßen, Crème fraîche unterrühren. Kühl stellen.
3 Hirsecreme mit den Beeren mischen, in Glasschalen anrichten, mit den Beeren garnieren.

Wichtig

Zum Süßen nur Akazienblütenhonig nehmen. Andere Honigsorten sind zu geschmacksintensiv und übertönen das feine Hirsearoma.

Maisgrieß-Flammeri

100 g 2-Minuten-Maisgrieß
4 dl/400 ml Milch
2 EL Akazienblütenhonig
2 EL gehackte Mandeln oder Haselnüsse
1 unbehandelte Zitrone, abgeriebene Schale
1 Prise Zimtpulver

1 Alle Zutaten unter Rühren aufkochen, bei schwacher Hitze unter ständigem Rühren zu einem Brei einköcheln.
2 Maisbrei in mit kaltem Wasser ausgespülte Förmchen füllen. Auskühlen lassen.
3 Maisköpfchen auf Teller stürzen, mit einer Fruchtsauce servieren.

Tipp

Bei Kuhmilchunverträglichkeit Milch durch halb Wasser/halb Rahm/Sahne oder Reismilch ersetzen.

Feine Maiscreme mit Beeren

80 g 2-Minuten-Maisgrieß
1/2 l Milch
1 Prise Vanillepulver
2 EL Akazienblütenhonig
2 1/2 dl/250 ml Rahm/Sahne
200 g Beeren

Orangen mit Nusslikör mariniert

je 2 Blut- und Blondorangen
4 EL Nusslikör
ca. 1 dl/100 ml Ahornsirup
1/2 TL Ingwerpulver
je 1 Prise Zimt- und Kardamompulver
1 Handvoll Baumnuss-/Walnusskerne
10 entsteinte Datteln, in Streifchen

einige Minzezweiglein für die Garnitur

Feine Maiscreme mit Beeren

1. Den Maisgrieß in der Haushalt-Getreidemühle auf feinster Stufe oder im Reformhaus/Bioladen nochmals mahlen lassen.
2. Maismehl, Milch und Vanillepulver unter Rühren aufkochen, bei schwacher Hitze unter ständigem Rühren zu einer Creme einkochen. Mit dem Honig süßen. Auskühlen lassen.
3. Maiscreme mit dem Mixer luftig aufschlagen. Rahm steif schlagen, mit den Beeren unter die Creme ziehen.

Tipp

Bei Kuhmilchunverträglichkeit Milch durch halb Wasser/halb Rahm/Sahne oder Reismilch ersetzen. Für ein kleines Dessert reicht die halbe Menge.

Orangen mit Nusslikör mariniert

1. Den Orangen oben und unten einen Deckel abschneiden, Früchte großzügig schälen, auch die weiße Haut entfernen. Orangen in Scheiben schneiden und entkernen.
2. Helle und dunkle Orangenscheiben abwechselnd auf einen großen flachen Teller legen, mit dem Nusslikör beträufeln.
3. Ahornsirup, Gewürze und Nüsse in ein Pfännchen geben, 5 Minuten köcheln.
4. Nüsse und Datteln über die Orangenscheiben verteilen, 4 Stunden marinieren.

Kleingebäck

Gefüllte Buchweizentörtchen

für 18–20 Törtchen

4 Freilandeier, Eigelb und Eiweiß getrennt
120 g Akazienblütenhonig
2 EL lauwarmes Wasser
1 Prise Salz
1 Msp Vanillepulver
50 g flüssige Butter
150 g Buchweizen, sehr fein gemahlen
½ TL phosphatfreies Backpulver

Papierbackförmchen

Mögliche Füllungen
Mandelmus (1 TL je Törtchen), mit wenig Akazienblütenhonig gesüßt
Konfitüre oder Marmelade
Vollmilch-/Rahmquark mit Früchten oder Beeren
Schlagrahm/-sahne mit frischen Früchten und Zitronensaft gemischt

1 Backofen auf 220 °C vorheizen.
2 Für den Teig Eigelbe, Honig, lauwarmes Wasser, Salz, Vanillepulver und flüssige Butter über dem kochenden Wasser luftig aufschlagen. Die Eigelbmasse soll einen Holzlöffel gut überziehen.
3 Eiweiß steif schlagen. Buchweizenmehl und Backpulver mischen. Eischnee und Mehl abwechselnd unter die Eigelbmasse ziehen. Den Teig in die Papierförmchen füllen, auf ein Blech stellen.
4 Blech in der Mitte in den Ofen schieben und die Törtchen bei 220 °C 10 bis 12 Minuten backen. In den Papierförmchen auskühlen lassen.
5 Papier sorgfältig lösen. Törtchen mit einem scharfen Messer quer halbieren, füllen.

Kürbiskernmuffins

für 6–8 Muffins

125 g weiche Butter
100 g Rohrohrzucker
½ TL Vanillepulver
3 Freilandeier
1 unbehandelte Orange, abgeriebene Schale
3 EL Grand Marnier

125 g Dinkel- oder Weizenruchmehl/
Mehl Type 1050
1 TL phosphatfreies Backpulver
100 g fein geriebene Kürbiskerne

grob gehackte Kürbiskerne zum Bestreuen

18–24 Papierförmchen

1 Backofen auf 180 °C vorheizen.
2 Butter, Zucker, Vanillepulver, Eier, Orangenschalen und Grand Marnier zu einer luftigen Masse aufschlagen.
3 Mehl, Backpulver und Kürbiskerne mischen, portionsweise unter die Buttermasse heben.
4 Für eine schöne Muffinform jeweils drei Papierförmchen ineinander stecken. Teig in die Förmchen füllen, mit Kürbiskernen garnieren, auf ein Blech stellen. Gut eingefettete Backförmchen eignen sich ebenfalls (auf das Gitter stellen).
5 Die Muffins in der Mitte in den Ofen schieben und bei 180 °C 25 bis 30 Minuten backen. Mit Puderzucker bestäubt servieren.

Makronen

mit Kokosflocken und Quinua

Sesamgebäck

200 g Blütenhonig
160 g Butter
6 EL Rahm/Sahne
1 TL Vanillepulver
320 g geschälte (weiße) Sesamsamen
80 g Dinkel- oder Weizenweißmehl/
Mehl Type 630/405

1 Backofen auf 200 °C vorheizen. Backblech einfetten.
2 Honig, Butter, Rahm und Vanillepulver aufkochen. Pfanne von der Wärmequelle nehmen. Sesamsamen und Mehl zugeben, zusammenfügen. Den Teig im Backblech gleichmäßig ausstreichen.
3 Sesamgebäck in der Mitte in den Ofen schieben, bei 200 °C 15 Minuten backen. Sobald das Gebäck nicht mehr zu weich ist, in Stücke schneiden.

für 20 Makronen

20 Backoblaten

125 g Quinuaschrot
1 1/4 dl/125 ml Milch
125 g Kokosnussflocken
4 EL flüssiger Honig
1 Msp Vanillepulver
50 g flüssige Butter
2 Eiweiß von Freilandeiern

1 Quinuaschrot 1 Stunde in der Milch quellen lassen.
2 Backofen auf 175 °C vorheizen.
3 Kokosnussflocken, Honig, Vanillepulver und Butter unter den Quinuaschrot rühren. Das Eiweiß steif schlagen und unterziehen.
4 Backoblaten auf ein mit Backpapier belegtes Blech legen. Den Teig teelöffelweise auf die Oblaten setzen.
5 Blech in der Mitte in den Ofen schieben, Makronen bei 175 °C rund 20 Minuten backen.

Haselnusssterne mit Apfelfüllung

Teig

- 250 g Dinkelvollkornmehl, Kleie ausgesiebt
- 130 g kalte Butterstückchen
- 80 g Rohrohrzucker, sehr fein gemahlen
- 100 g geriebene Haselnüsse
- 2 Eigelbe von Freilandeiern
- 1 Prise Salz
- 2–3 EL Buttermilch

Füllung

- 100 g weiche Butter
- 200 g Rohrohrzucker, sehr fein gemahlen
- 100 g geröstete Haselnüsse, fein gerieben
- 2 Eigelbe von Freilandeiern
- 3 EL geriebene Äpfel mit Schale

1. Für den Teig Mehl und kalte Butterstückchen krümelig reiben, restliche Zutaten zugeben, alles zu einem glatten Teig verarbeiten. Mindestens 15 Minuten kühl stellen.
2. Backofen auf 180 °C vorheizen.
3. Für die Füllung alle Zutaten verrühren.
4. Teig 2 mm dick ausrollen, nicht zu kleine Sterne ausstechen. Auf die Hälfte der Sterne etwas Füllung in die Mitte geben, den zweiten Stern darauf legen, gut andrücken, mit Eigelb bepinseln.
5. Haselnusssterne in der Mitte in den Ofen schieben, bei 180 °C 10 bis 15 Minuten backen.

Cashewnussecken

250 g Dinkel- oder Weizenvollkornmehl
1 Freilandei
100 g Akazienblütenhonig
100 g zimmerwarme Butter

Belag

200 g Akazienblütenhonig
100 g Butter
400 g Cashewkerne, gehackt

Schokoladenglasur

1 Für den Teig alle Zutaten verrühren.
2 Für den Belag Honig und Butter erhitzen, 3 Minuten köcheln, Cashewkerne untermischen.
3 Backofen auf 180 °C vorheizen.
4 Den Blechrücken eines rechteckigen Bleches mit Butter einfetten, den Teig 5 mm dick ausstreichen, die Nussmasse darauf verteilen.
5 Blech in der Mitte in den Ofen schieben, Nussgebäck bei 180 °C etwa 20 Minuten backen. Noch heiß in Rhomben schneiden. Auf dem Blech auskühlen lassen.
6 Nussecken in die Schokoladenglasur tauchen, auf einem Kuchengitter fest werden lassen.

Haferbiskuits

200 g feine Haferflocken
3 dl/300 ml Buttermilch
180 g weiche Butter
100 g Rohrohrzucker, fein gemahlen, oder
5 EL flüssiger Honig
1 Orange, Saft
250 g Weizen- oder Dinkelvollkornmehl
1 TL Weinsteinbackpulver

1–2 Eigelbe zum Bepinseln

1 Haferflocken in der Buttermilch 30 Minuten quellen lassen.
2 Butter, Zucker und Orangensaft zu einer luftigen Masse aufschlagen. Haferflocken, Mehl und Backpulver portionsweise unterrühren, zu einem gleichmäßigen Teig verarbeiten. Teig mindestens 30 Minuten zugedeckt ruhen lassen.
3 Backofen auf 150 °C vorheizen.
4 Teig zwischen Klarsichtfolien etwa 3 mm dick ausrollen, Rondellen von etwa 4 cm Durchmesser ausstechen, auf ein mit Backpapier belegtes Blech legen, mit Eigelb bepinseln.
5 Blech in der Mitte in den Ofen schieben, Haferbiskuits bei 150 °C 15 bis 20 Minuten backen.

Hafer-Mandeln-Energiekugeln

150 g Hafer, fein geschrotet
75–100 g Akazienblütenhonig
100 g Mandeln, fein gerieben
Vanillepulver
1 unbehandelte Zitrone, abgeriebene Schale

Kakao- oder Zimtpulver oder geriebene Nüsse zum Drehen der Kugeln

1 Die Zutaten von Hand zu einer geschmeidigen Masse kneten, eventuell etwas mehr Honig zugeben.
2 Aus der Hafer-Mandel-Masse Kugeln formen, in Kakao, Zimt oder Nüssen drehen.

Tipp

In einer Blechdose können die Energiekugeln mehrere Wochen aufbewahrt werden. Besonders hübsch sehen die Kugeln in farbigen Pralinenpapierförmchen aus.

Kuchen und Torten

Gestürzter Rhabarberkuchen

1 Springform von 25 cm Durchmesser

500 g Rhabarber
200 g Traubenzucker
100 g weiche Butter
1 unbehandelte Zitrone, abgeriebene Schale
2 Freilandeier, verquirlt

120 g Buchweizen, sehr fein gemahlen
3 EL phosphatfreies Backpulver
100 g Maisstärke
1½ dl/150 ml Milch
150 g gekochter Bramatamais

1 Backofen auf 200 °C vorheizen.

2 Boden einer gut schließenden Springform mit Backpapier belegen, den Rand einfetten.

3 Den Rhabarber ungeschält in etwa 3 cm lange Stücke schneiden, in die Form stellen (Schnittstellen oben und unten). Mit der Hälfte des Traubenzuckers bestreuen.

4 Restlichen Traubenzucker, Butter und Zitronenschale zu einer luftigen Masse aufschlagen, verquirlte Eier unterrühren. Mehl, Maisstärke und Backpulver mischen, abwechselnd mit Milch und Mais unter die Eiermasse rühren, sorgfältig in die Form füllen.

5 Rhabarberkuchen auf der zweituntersten Schiene in den Ofen schieben und bei 200 °C 40 bis 50 Minuten backen. 10 Minuten auskühlen lassen. Den Rand mit dem Messer vorsichtig lösen. Den Rhabarberkuchen stürzen, Backpapier entfernen.

Schnelle Schokoladentorte

für eine Springform von 25 cm Durchmesser

150 g fein geriebene Mandeln oder Baumnuss-/Walnusskerne oder Haselnüsse
300 g Dinkelvollkornmehl
2 Prisen Salz
2 TL phosphatfreies Backpulver
30 g ungezuckertes Kakaopulver
150 g Akazienblütenhonig
1 Msp Vanillepulver
2 dl/200 ml Wasser
1½ dl/150 ml Rahm/Sahne
100 g gehackte Baumnuss-/Walnusskerne
2 dl/200 ml Rahm/Sahne, steif geschlagen

Garnitur

100 g dunkle Schokolade
4–6 EL Rahm/Sahne
2–3 Kumquats
Baumnuss-/Walnusskerne

1 Backofen auf 180 °C vorheizen. Rand der Springform einfetten, Boden mit Backpapier belegen.

2 Mandeln, Mehl, Salz und Backpulver in einer Schüssel mischen.

3 Kakaopulver, Honig und Vanillepulver mit dem Wasser leicht erwärmen, bis sich der Kakao aufgelöst hat. Flüssigen Rahm zufügen. Die Flüssigkeit unter die Mehlmischung rühren. Die Nüsse und den steif geschlagenen Rahm unterziehen. Teig in die Form füllen.

4 Schokotorte in der Mitte in den Ofen schieben, bei 180 °C 30 Minuten backen. Nadelprobe machen. Torte aus der Form nehmen und auskühlen lassen.

5 Für den Überzug Schokolade zerbröckeln, mit dem Rahm in ein Schüsselchen geben und über dem heißen Wasserbad schmelzen, auf die Torte gießen, durch Bewegen gleichmäßig verlaufen lassen, mit Kumquatschnitzen und Nüssen garnieren.

Tiramisù

für 6 Personen
für eine große rechteckige Form

Biskuitteig

5 Eigelbe von Freilandeiern
150 g Akazienblütenhonig
1 unbehandelte Zitrone, abgeriebene Schale
150 g Dinkelruchmehl/Mehl Type 1050
5 Eiweiß, steif geschlagen

Füllung

500 g Mascarpone
$2\frac{1}{2}$ dl/250 ml Rahm/Sahne
$\frac{1}{2}$ dl/50 ml Bittermandellikör

2–3 Tassen Espresso
Kakaopulver

1 Backofen auf 180 °C vorheizen. Ein viereckiges Backblech mit Backpapier belegen.
2 Für das Biskuit Eigelbe und Honig zu einer sämigen, luftigen Masse aufschlagen, am besten geht das über einem kochenden Wasserbad. Die Masse muss weiß sein, wenn das Biskuit luftig werden soll. Zitronenschalen unterrühren. Mehl mit Eischnee abwechselnd unter die Eigelbmasse ziehen. Den Teig auf dem Backpapier etwa 1 cm hoch zu einem Rechteck verstreichen.
3 Das Blech in der Mitte in den Ofen schieben, Biskuit bei 180 °C 15 bis 20 Minuten backen. Stürzen. Backpapier entfernen, Biskuit unter dem umgekehrten Blech auskühlen lassen.
4 Für die Füllung alle Zutaten glatt rühren.
5 Das Biskuit halbieren, d. h. auf die Größe der Schüssel/Form schneiden. Ein Biskuit in die Form legen, mit der Hälfte des Kaffees beträufeln. Die Hälfte der Creme darauf verstreichen, das zweite Biskuit darauf legen, mit dem restlichen Kaffee beträufeln und der restlichen Creme überziehen. Kühl stellen. Vor dem Servieren mit Kakaopulver bestäuben.

Gewürzschnitten mit Feigen und Nüssen

für ein großes viereckiges Backblech
für ca. 24 Schnitten

125 g Kastanienhonig
125 g Akazien- oder Wildblütenhonig
125 g Zucker
125 g Butter
4 Freilandeier
2 dl/200 ml Rahm/Sahne

200 g getrocknete Feigen
150 g Baumnuss-/Walnusskerne
3 TL Lebkuchengewürz
je 1 Prise Zimt- und Vanillepulver
500 g Dinkelruchmehl/Mehl Type 1050
1 Briefchen phosphatfreies Backpulver

Puderzucker zum Bestäuben

1 Backofen auf 150 °C vorheizen. Ein tiefes Backblech mit Butter einfetten und mit Mehl ausstäuben.
2 Feigen und 100 g Nüsse im Cutter hacken.
3 Gewürze, Mehl und Backpulver mischen.
4 Honige, Zucker und Butter erwärmen. Die Pfanne von der Wärmequelle nehmen. Eier, Rahm, Feigen und alle Nüsse unterrühren, Mehlmischung zugeben, zu einem Teig zusammenfügen. Teig im Blech verstreichen.
5 Das Blech in der Mitte in den Ofen schieben und die Gewürzschnitten bei 150 °C 20 bis 25 Minuten backen.
6 Den Kuchen mit Puderzucker bestäuben, portionieren.

Tessiner Brottorte

für eine Springform
von 20 cm Durchmesser

- 200 g altbackenes Brot
- 1/2 l heiße Milch
- 1 Freilandei
- 80 g Honig, z. B. Kastanienhonig
- 1/2 unbehandelte Zitrone, abgeriebene Schale und Saft
- 2 EL Grappa oder Kirsch
- 1 EL Kakaopulver
- 50 g geriebene Mandeln
- 100 g Rosinen
- 100 g Orangeat oder Zitronat

- Pinienkerne für die Garnitur
- einige Butterflocken

1 Brot in einer Schüssel mit der kochenden Milch übergießen, stehen lassen, bis das Brot weich ist, mit einer Gabel zerpflücken.

2 Backofen auf 180 °C vorheizen. Den Rand der Springform mit Butter einfetten. Den Boden mit Backpapier belegen.

3 Brot und übrige Zutaten vermengen. Die Masse in die Form füllen. Pinienkerne darüber streuen. Mit Butterflocken belegen.

4 Brottorte in der Mitte in den Ofen schieben, bei 180 °C 40 bis 50 Minuten backen.

Tipp

Brottorte einen Tag ruhen lassen. Sie schmeckt dann noch besser und ist saftiger.

Brot und Brötchen

Pita-Brot

für 8 Stück

250 g Dinkel- oder Weizenweißmehl/
Mehl Type 630/405
1 TL Salz
12 g Hefe
½ TL Zucker
1,4 dl/140 ml lauwarmes Wasser

1. Mehl und Salz in einer Teigschüssel mischen, eine Vertiefung drücken. Hefe und Zucker im lauwarmen Wasser auflösen, in die Vertiefung gießen, zu einem Teig zusammenfügen, auf der Arbeitsfläche 10 Minuten von Hand oder in der Küchenmaschine 5 Minuten auf kleinster Stufe kneten. Teig in die Schüssel legen, 1 Stunde zugedeckt gehen lassen. Leicht kneten.
2. Den Teig in 8 Portionen teilen, 10 cm große Rondellen ausrollen.
3. Die Teigrondellen in der heißen Bratpfanne bei starker Hitze auf beiden Seiten 1 bis 2 Minuten braten.
4. Das noch warme Pita-Brot aufschneiden.

Tipp

Pita-Brot nach Belieben mit fein geschnittenem Gemüse, gewürztem Frischkäse usw. füllen.

Schnelles Früchtebrot

für eine Cake-/Kastenform von 30 cm Länge

125 g Blütenhonig
4 Freilandeier
175 g Dinkel- oder Weizenvollkornmehl
1 TL phosphatfreies Backpulver
2 TL Zimtpulver
175 g grob geriebene oder gehackte Mandeln oder Haselnüsse
200 g getrocknete Feigen, gehackt
200 g Rosinen
100 g Orangeat oder getrocknete Aprikosen, gehackt
125 g entsteinte Datteln, in Streifchen

1. Backofen auf 160 °C vorheizen. Form einfetten.
2. Honig und Eier zu einer luftigen Masse aufschlagen. Das dauert mindestens 10 Minuten.
3. Mehl, Backpulver und Zimt mischen, unter die Eiermasse rühren. Nüsse, Feigen, Rosinen, Orangeat und Datteln unterrühren. Teig in die Form füllen.
4. Form in der Mitte in den Ofen schieben, Früchtebrot bei 160 °C etwa 1 Stunden backen. Auskühlen lassen. In Alufolie eingewickelt einige Tage ruhen lassen.

Tipp

Eine ideale Zwischen- oder Pausenverpflegung.

Kürbiskernbrot

220 g Dinkel- oder Weizenvollkornmehl
1–1½ TL Salz
20 g Hefe
ca. 2 dl/200 ml lauwarmes Wasser
3 EL Kürbiskernöl
120 g Kürbiskerne
2 EL weiße (geschälte) Sesamsamen

1 Mehl und Salz in einer Schüssel mischen, eine Vertiefung drücken. Die Hefe im lauwarmen Wasser auflösen und mit dem Kürbiskernöl in die Vertiefung gießen, zusammenfügen und zu einem geschmeidigen Teig kneten. Zugedeckt rund 30 Minuten ruhen lassen.
2 Den Teig nochmals kneten, Kürbiskerne und Sesamsamen einkneten. Aus dem Teig einen länglichen Brotlaib formen, auf ein mit Backpapier belegtes Blech legen. Nochmals 15 Minuten gehen lassen.
3 Backofen auf 200 °C vorheizen.
4 Kürbiskernbrot auf der zweituntersten Schiene in den Ofen schieben, bei 200 °C 50 Minuten backen.

Ciabatta

600 g Dinkelweißmehl/Mehl Type 630 oder
600 g Dinkelruchmehl/Mehl Type 1050
2 TL Salz
1½ dl/150 ml lauwarme Milch
30 g Hefe
1¾ dl/175 ml Wasser
2 EL Olivenöl extra nativ

1 Mehl und Salz in einer Schüssel mischen, eine Vertiefung drücken. Die Hefe in der Milch auflösen, zugeben. 3 EL Mehl unterrühren. 15 Minuten gehen lassen.
2 Wasser und Öl zum Vorteig geben, zusammenfügen, Teig 20 Minuten auf der Arbeitsfläche oder 5 Minuten mit der Küchenmaschine auf kleinster Stufe kneten. Teig in die Schüssel legen, zugedeckt 1 Stunde gehen lassen.
3 Backofen auf 200 °C vorheizen.
4 Den Hefeteig nochmals leicht kneten. Einen länglichen Laib formen, gut mehlen, auf ein großes Blech legen. Oder den Teig in Portionen von 100 g teilen, Teigstücke länglich formen, gut mehlen, auf ein großes Blech legen. 20 Minuten gehen lassen.
5 Ciabatta in der Mitte in den Ofen schieben, bei 200 °C 40 Minuten backen.

Kräuterbrot mit getrockneten Tomaten

für ein kleines rechteckiges Backblech

3 Freilandeier
$1\frac{1}{2}$ dl/150 ml Milch
4 EL Olivenöl extra nativ
250 g Dinkel- oder Weizenweißmehl/Mehl Type 630/405
1 Msp Salz
$\frac{1}{2}$ TL phosphatfreies Backpulver
1 kleine Zwiebel, fein gehackt
1 große Knoblauchzehe, fein gehackt
1 unbehandelte Zitrone, abgeriebene Schale
wenig roter Peperoncino, fein gehackt
8 getrocknete Tomaten, grob gehackt
50 g entsteinte schwarze Oliven, grob gehackt
3 EL geriebener Pecorino
reichlich fein gehackte Kräuter,
z. B. Thymian, Rosmarin, Salbei, Basilikum, Majoran

1 Backofen auf 200 °C vorheizen.
2 Eier, Milch und Olivenöl verrühren.
3 Mehl, Salz und Backpulver mischen, unter die Eiermasse rühren, restliche Zutaten unterrühren.
4 Den Teig auf dem mit Backpapier belegten Blech 10 mm dick ausstreichen.
5 Das Kräuterbrot im vorgeheizten Ofen bei 200 °C etwa 20 Minuten backen. Nadelprobe machen.

Variante

Vor dem Backen mit Rosmarinnadeln bestreuen und mit halbierten Cherrytomaten belegen.

Nuss-Thymian-Brötchen

für 12–15 Brötchen

500 g Dinkelvollkornmehl oder
halb Vollkornmehl/halb Ruchmehl/Mehltype 1050
1 Hefewürfel
1 TL Honig
3 dl/300 ml lauwarmes Wasser
$2^1/_2$ TL Salz
200 g Baumnuss-/Walnusskerne
1 Sträußchen Thymian, Blättchen abgezupft
2 EL Baumnuss-/Walnusskernöl

1 Eine Hand voll Nüsse hacken, die restlichen Nüsse fein reiben.
2 Mehl in eine Schüssel geben, eine Vertiefung drücken, Hefe, Honig und 1 dl/100 ml Wasser hineingeben, Hefe auflösen, 2 EL Mehl unterrühren. 15 Minuten gehen lassen.
3 Restliches Wasser, Salz, geriebene und gehackte Nüsse, Thymianblättchen und Nussöl in die Schüssel geben, alles zu einem Teig zusammenfügen. Teig auf der Arbeitsfläche 10 Minuten von Hand oder 5 Minuten in der Teigmaschine auf kleinster Stufe kneten. Schüssel mit einem feuchten Tuch bedecken. Teig bei Zimmertemperatur etwa 1 Stunde gehen lassen.
4 Teig in 12 bis 15 Portionen teilen, längliche oder runde Brötchen formen, gut mehlen, auf ein Blech legen. Nochmals 10 Minuten gehen lassen.
5 Den Backofen auf 210 °C vorheizen.
6 Das Blech auf der zweituntersten Schiene in den Ofen schieben, Brötchen bei 210 °C 15 bis 20 Minuten backen.

Zwiebel-Rosmarin-Focaccia mit Kürbiskernen

für ein großes rechteckiges Kuchenblech

375 g Dinkel- oder Weizenruchmehl/Mehl Type 1050
1 TL Salz, 30 g Hefe
2½ dl/250 ml lauwarmes Wasser
8 EL Olivenöl extra nativ
1–2 mittelgroße Zwiebeln, in feinen Scheiben
je 25 g gehackte und ganze Kürbiskerne
100 g Ziegenfrischkäse oder Feta
schwarze Oliven, grobkörniges Salz
4–5 Rosmarinzweiglein, Nadeln abgestreift

1 Mehl und Salz in einer Schüssel mischen, eine Vertiefung drücken. Hefe im lauwarmen Wasser auflösen, 6 EL Öl zugeben, in die Vertiefung gießen. Das Ganze zu einem geschmeidigen Teig kneten, 30 Minuten zugedeckt ruhen lassen.

2 Die Zwiebeln im restlichen Öl kurz dünsten, auskühlen lassen.

3 Backofen auf 250 °C vorheizen.

4 Hefeteig nochmals durchkneten, Zwiebeln, gehackte und ganze Kürbiskerne und Ziegenfrischkäse einkneten.

5 Das Blech mit Backpapier belegen, den Teig darauf ausrollen, mit Oliven, Salz und Rosmarin bestreuen.

6 Die Focaccia auf der zweituntersten Schiene in den Ofen schieben, bei 250 °C 10 bis 12 Minuten backen.

Tipp

Zum Aperitif mit einem Glas Weißwein servieren.

Register